KB000400

문화 속의 불쾌

세창클래식 004

문화 속의 불쾌

초판 1쇄 인쇄 2019년 6월 13일
초판 1쇄 발행 2019년 6월 20일
—

지은이 지크문트 프로이트
옮긴이 변학수
펴낸이 이방원
편 집 송원빈·김명희·안효희·윤원진·정조연·정우경
디자인 손경화·박혜옥 **영 업** 최성수 **마케팅** 이미선
—

펴낸곳 세창출판사
신고번호 제300-1990-63호
주 소 03735 서울시 서대문구 경기대로 88 냉천빌딩 4층
전 화 723-8660 **팩 스** 720-4579
이메일 edit@sechangpub.co.kr **홈페이지** http://www.sechangpub.co.kr/
—

ISBN 978-89-8411-825-6 93180

이 도서의 국립중앙도서관 출판시도서목록(CIP)은 서지정보유통지원시스템 홈페이지(http://seoji.nl.go.kr)와
국가자료공동목록시스템(http://www.nl.go.kr/kolisnet)에서 이용하실 수 있습니다. CIP제어번호: CIP2019021076

문화 속의 불쾌

지크문트 프로이트 지음

변학수 옮김

세창클래식 004

세창출판사

차례

1장

우리는 인간들이 아무 생각 없이 잘못된 잣대로 평가하여, 자신은 권력과 성공, 그리고 부를 추구하면서도 다른 사람들이 추구하면 이상하게 생각하며, 삶의 진정한 가치들을 과소평가한다는 인상을 지울 수 없다. 하지만 그런 일방적인 판단은 인간 세계와 그들의 정신생활이 갖는 다양함을 망각하는 결과를 초래할 수 있다. 동시대인들의 존경을 받는 많은 사람 가운데는 사실 그들의 위대함이 오히려 대중들의 삶의 목표나 이상과는 동떨어진 특성이나 업적들로 이루어져 있는 경우도 있다. 이런 위인들을 인정하는 사람은 그저 소수이고 나머지 대다수는 그들의 존재에 대해 아무런 관심도 없다는 점을 우리는 쉽게 인정할 수 있다. 그러나 인간들의 사고와 행위, 그리고 그들의 소원 욕동의 다양성 사이에서 생기는 불일치를 본다면 그것이 그리 단순한 문제는 아니다.

이런 뛰어난 인물들 중의 한 사람이 나에게 친구라고 하며 편지를 보내왔다. 나는 그에게 종교를 환영으로 본 글을 보낸 적이 있다.[1] 그러자 그는 답장으로 자신도 종교에 관한 나의 생각에 전적으로 동의한다는 생각을 전해 왔다. 다만 그는 내가 종교성의 고유한 근원을 정당하게 평가하지 않는 것을 아쉬워했다. 그는 이것이 바로 그의 뇌리를 떠나지 않고 다른 수많은 사람에게서도 마찬가지임을 확인했으며 수백만 명의 사람들에게도 있다고 보는 특별한 감정이라고 말했다. 그가 "영원성"의 기분이라고 표현하고자 하는 이 감정은 무한하고도 무제한적인, 흡사 "바다 같은" 감정을 말한다. 이 감정은 순수하게 주관적인 사건으로서 신념 체계와는 다르다. 이것이 개인적 지속성을 보장해 주지는 않지만 여러 교회들과 다른 종교들에서 파악하여 특정한 경로로 끌어들이고 활용하는 분명 종교적인 에너지의 원천이다. 오로지 이 "바다 같은" 감정을 토대로 할 때면 우리가 비록 어떤 종류의 믿음, 어떤 종류의 환영을 거부한다 하더라도 우리는 종교적이 될 수 있다는 것이 그의 생각이다.

직접 작품을 통해서 환영의 마법을 칭송한, 존경하는 내 친구의 이 발언으로 인해 나는 적잖은 난감함을 겪게 되었다.[2] 정작 나는 이 "바다 같은" 느낌을 내 안에서 찾을 수 없기 때문이다. 감정을 학문적으로 규정하기는 쉽지 않다. 우리는 그저 감정의 생리학적 징후를 묘사하는 데 그칠 수밖에 없다. 이 경우가 아니라면 —내 생각에는 그런 "바다 같은" 감정조차 그런 특성과는 관계가 없을 듯한데— 감정과 가장 빨리 연상을 통해 결부되는 그런 표상의

---

1   역주: 1927년에 발표한 글 「환영의 미래」를 말한다.
2   드라마 『릴뤼리(Liluli)』(1923). 『라마크리슈나의 생애』와 『비베카난다의 생애』(1930)라는 두 권의 책이 출간된 이상 나는 본문에서 언급한 친구가 로맹 롤랑이라는 것을 숨길 필요가 없어졌다.

내용을 잡는 것 외에 다른 도리가 없다. 내 친구의 말을 내가 잘 이해했다면 그는 독창적이고 거의 천재적인 어떤 극작가가 자살을 목전에 두고 있는 주인공에게 위로하는 말과 같은 것이다. "세상 밖으로 떨어져 나갈 수는 없어."[3] 결국 그 감정이란 끊을 수 없이 결부되어 있다는 감정, 외부세계 전체에 소속해 있다는 감정일 것이다. 물론 나는 이것에 동반되는 감정이 전혀 없지는 않겠지만 차라리 지적인 통찰의 성격을 가지고 있다고 말하고 싶다. 그러나 이런 성격은 다른 사고 행위에서도 같은 정도로 존재하고 있다. 나의 경우에는 그런 감정이 일차적 성격을 지니고 존재한다고 확신할 수 있을 것 같지 않다. 그렇다고 하여 그런 실제적 현상이 다른 이에게 없다고 부정할 수는 없다. 다만 의문이 드는 것은 그런 현상이 제대로 해석되느냐 그리고 그 현상이 모든 종교적인 욕구의 "원천과 기원fons et origo"으로 인정될 것인가 하는 점이다.

　나는 이 문제를 해결하는 데 결정적 영향을 미치는 것이 무엇인지는 알지 못한다. 인간이 직접적이고, 처음부터 이것을 겨냥한 감정을 통해 주변세계와의 관계에 대한 지식을 가질 수 있다는 생각은 왠지 낯설고 우리 심리적 직조에 잘 들어맞지 않아서 그런 감정을 정신분석적, 즉 발생론적으로 도출해야 할 것 같다. 그렇게 되면

3　크리스티안 디트리히 그랍베, 『한니발』 "그럼, 우리가 세상 밖으로 떨어져 나갈 수는 없어. 우리는 이미 세상 안에 있는데."

다음과 같은 생각이 떠오른다. 일반적으로 우리 자신에 대한, 우리 자신의 자아에 대한 감정보다 더 확실한 것은 없다. 이 자아는 우리에게 독립적이고 통일된 모습으로 나타나기에 다른 모든 것으로부터 뚜렷하게 구별된다. 그러나 그런 외관은 그저 허상일 뿐이고, 반대로 자아는 우리가 이드(Es)라고 부르는 무의식적 심혼(정신)과 뚜렷한 경계 없이 내면으로 깊이 연장되어 있다는 것, 자아는 흡사 이드에 대해 외관일 뿐이라는 것, 이것이 정신분석적 연구가 처음으로 우리에게 가르쳐 준 것으로, 그것을 통해 우리는 자아와 이드의 관계에 대한 많은 정보를 알게 되었다. 그러나 어쨌든 외부를 향하여 자아는 분명하고 뚜렷한 경계를 가지고 있는 것처럼 보인다. 다만 어떤 특별한 상황, 굳이 우리가 그것을 병적이라고 할 수 없는 어떤 상황에서는 다르게 보인다. 말하자면 사랑에 몰입해 있을 때는 자아와 대상 사이의 경계가 모호해진다. 분별력을 통한 온갖 증거가 있음에도 불구하고 사랑에 빠진 자는 나와 너가 하나라는 것을 주장하고 그것이 사실인 것처럼 행동할 준비가 되어 있다. 생리적 작용으로 인해 일시적으로 중단될 수 있는 것은 당연히 병리적 과정들에 의해서도 혼란에 빠질 수 있음이 분명하다. 병리학적 연구를 보면 자아가 외부세계와 이루는 경계가 모호한 경우를 많이 찾아볼 수 있다. 경계가 잘못 설정된 경우도 허다하다. 즉, 어떤 이들은 자신의 신체 부위, 자신의 정신생활의 일부분, 지각, 사고, 감정을 낯선 것으로, 다시 말해 자신에게 속하지 않는 이질적인 것으로 느끼고, 어떤 이들은 외부세계 탓으로 돌리는 경우도 허다하지만 사실 그것은 자신의 자아에서 나온 것이고 그 자아에게 인정을 받아야 할 것들이다. 결국 자아도 혼란에 빠질 수 있기 때문에 자아의 경계라는 것이 항상 일정한 것은 아니다.

어떤 연구를 보면 성인의 이 자아감정이 처음부터 그렇게 형성된 것은 아니라는 것을 알 수 있다. 자아감정은 어떤 과정을 거쳐 완성되었을 것이다. 비록 이것을 확실하게 증명할 수는 없지만 상당한 개연성으로 구성할 수는 있다.[4] 유아는 아직 자신에게 밀려오는 감각의 원천인 외부세계와 자신의 자아를 구별하지 못한다. 그러다가 다양한 자극을 받으면서 그것을 점진적으로 알게 된다. 유아는 나중에 자신의 감각기관에서 인식하게 되는 일부 자극의 원천이 언제나 자신에게 감각을 보낼 수 있는 데 반해, 다른 자극의 원천들은 일시적으로 유아에게서 사라진 후 ―그중에서도 가장 강하게 소망하는 엄마의 젖가슴이 있다― 도움을 청하는 강한 울음소리로 다시 나타난다는 데 대해 강한 인상을 받을 것임에 틀림없다. 이렇게 하여 처음으로 자아는 "대상"과 마주하게 된다. 그 대상은 "밖에" 존재하며 특별한 행동을 통해서야 비로소 등장할 수 있게 되는 것이다. 자아가 감각의 덩어리에서 분리되게 하는, 다시 말해 "밖", 즉 외부세

---

4   페렌치(Ferenczi)의 「현실감각의 발달단계」(1913)에서부터 페데른(Federn)의 여러 편의 논문들 1926, 1927 그리고 그 이후의 것에 이르기까지 자아발달과 자아감정에 관한 여러 편의 논문들을 보라.

계를 인정하도록 하는 추동력은 자주 일어나고 다양한, 그리고 피할 수 없는 고통과 불쾌이다. 무제한적 지배권을 가지고 있는 쾌감원칙은 이것을 없애고 피하라고 명령한다. 그러자 그런 불쾌의 원천이 될 수 있는 모든 것을 자아에서 분리하여 외부로 던져 버리고 낯설고 위협적인 외부에 맞설 순수한 쾌감-자아를 만들려는 경향성이 생겨난다. 이 원시적 쾌감-자아의 경계들은 경험을 통한 수정을 피할 수 없다. 쾌감을 제공하기에 포기하고 싶지 않은 많은 것은 자아가 아니라 대상이기에, 그리고 우리가 피하고 싶어 하는 많은 고통은 자아, 즉 내적 기원과 분리할 수 없는 것으로 나타난다. 아이는 차츰 감각활동의 의도적 조절과 적당한 근육운동을 통해 내적인 것, 즉 자아에 속한 것과 외적인 것, 즉 외부세계에서 도래한 것을 구별할 수 있는 처리방법을 배우게 된다. 그리하여 차츰 계속된 발달 과정을 지배하게 될 현실원칙의 도입을 향한 첫걸음을 떼게 된다. 물론 이 구별은 감지한, 위협적인 불쾌를 피하려는 실제적인 목적에 부합한다. 내부에서 일어나는 불쾌의 자극을 방어하기 위해 자아가 사용할 수 있는 방법이 오로지 외부에서 오는 불쾌를 물리치는 방법밖에 없다는 사실이 눈에 띄는 병리적 장애의 출발점이 된다.

말하자면 이런 식으로 자아는 외부세계와 자신을 분리한다. 더 정확하게 말하자면 원래의 자아는 모든 것을 포함하고 있지만 나중에 외부세계를 자기에게서 분리시킨다. 그러니까 우리가 오늘날 갖고 있는 자아감정은 아주 포괄적인, 정말이지 ―자아가 외부세계와 맺고 있던 내적 결속에 상응하는 어떤 포괄적인 감정의 위축된 잔여물이다. 많은 사람의 심혼생활Seelenleben(정신생활)에서 원초적 자아가 —그것이 풍부하든 빈곤하든— 보존되어 있다고 가정한다면, 그 자아감정은 협소하고도 엄격하게 구분된 성숙한 자아감정과 쌍으로 나란히 존재하였을 것이다. 그리고 그 원초적 자아감정에 적합한 표상의 내용들은 무한성이나 우주와의 결부 같은 것일 듯하다. 말하자면 내 친구가 "바다 같은" 감정이라고 설명한 그런 표상내용들일 것이다. 그러나 원래적인 것이 그로부터 파생된 것 옆에 살아남아 있다고 가정할 수 있을까?

의심할 여지없이 이런 일은 심혼생활뿐 아니라 다른 영역에서도 일어나지만 이상할 것이 없다. 최하등동물에서 최고등동물이 진화했다는 가설은 확실하다. 그렇지만 오늘날도 여전히 고등동물들 속에 하등동물이 존재하고 있다. 거대한 공룡은 멸종하고 포유류에게 자리를 내주었지만 공룡의 후손인 악어는 아직 우리와 함께 살고 있다. 이 비유는 적절하지 않은 것처럼 보인다. 그리고 살아남은 하등동물이 대부분 오늘날 고등동물로 발전한 종들의 선조가 아니라는 점에서 신뢰성을 잃는다. 고등동물과 하등동물의 중간동물은 거의 절멸하였기 때문에 복원을 통해서만 알 수 있다. 이에 반해 정신 영역에서는 종종 원시적인 것이 거기서부터 파생된 것과 함께 보존되는데, 그 때문에 일일이 예를 들어 증명할 필요도 없을 정도이다. 대부분 이런 일은 발달의 갈래에서 일어난 일이다. 일정한 행동이나 욕동의 양 일부가 변화되지 않은 상태로 남아 있고 다른 일부는 계속 발달한 것이다.

우리는 이 점에 있어서 정신적인 것에 남아 있는 잔재의 일반적인 문제를 접하게 된다. 이 문제는 아직 해결되진 않았지만 아주 흥미롭고 의미심장하기 때문에 그럴 만한 특별한 이유가 없다 하더라도 잠깐 살펴볼까 한다. 우리에게 흔히 일어나는 망각이 기억흔적의 파괴, 말하자면 기억의 소멸이라는 잘못된 생각이 바로잡혔다. 이후, 심혼에서 한번 일어난 것은 아무것도 사라질 수 없다는 가설과 모든 것은 어떤 식으로든 보존되고 적절한 상황만 된다면, 예를 들어 아주 오랜 시기까지의 퇴행만 가능하다면, 그 기억을 불러올 수 있다는 가설이 수용되는 경향이 생겼다. 다른 영역에서 일어난 어떤 사례와 비교해 이 가설이 무슨 내용을 갖고 있는지 살펴보고자 한다. 가령 우리는 영원한 도시 로마의 예를 들어 볼까 한다.[5] 역사가들에 의하면 초기의 로마는 팔라티노 언덕에 울타리를 친 촌락 로마 콰드라다Roma quadrada였다. 그다음 형태는 개개 구릉 위에 세워진 촌락들의 연합체인 로마 칠구릉Septimontium이었다. 그다음이 세르비우스 성벽으로 둘러싸인 도시였다. 그리고 한참 뒤에, 다시 말해 공화정시대와 제정시대 초기의 많은 변화를 겪은 뒤에 아우렐리우스 황제가 쌓은 성벽으로 둘러싸이게 되었다. 이제 로마의 변천

---

5 『케임브리지 고대사』 7부, 1928. 휴 래스트(Hugh Last), 『로마의 건국』.

에 대해서 언급하는 것은 그만하고 완벽한 역사적, 지형학적 지식을 갖춘 것으로 보는 방문객이 오늘날의 로마를 방문하여 초기 로마의 흔적을 얼마나 찾아볼 수 있을지 물어보자. 그는 아우렐리우스 성벽이 조금 파손되었지만 거의 원형 그대로 보존되어 있음을 알 것이다. 세르비우스 성벽은 특정한 부분이긴 하나 모두 복원된 것을 볼 수 있을 것이다. 그가 만약 오늘날의 고고학적 지식보다 더 정확히 안다면 아마도 이 성벽의 변천 과정과 로마 콰드라다의 윤곽을 도시 전경에 그려 넣을 수 있을지도 모른다. 한때 이 공간을 차지했던 건물은 이제 더 이상 존재하지 않기 때문에 그는 아무것도 찾지 못하거나 찾는다 해도 사소한 잔여물에 불과할 것이다. 로마 공화국에 대한 최대한의 지식이 이 방문객에게 제공할 수 있는 것은 기껏해야 그 시대의 신전과 공공건물이 서 있던 자리를 찾는 것 정도이다. 지금 그 자리를 차지하고 있는 것은 그 당시 원 건물의 잔해가 아니라 불타 없어지거나 파괴된 건물을 복원한 것들의 잔해일 뿐이다. 고대 로마의 이 모든 잔해들이 르네상스 이후 지난 수 세기 동안 생겨난 대도시의 복잡한 역사에서 나온 것으로 보인다는 것은 더 이상 언급할 필요도 없다. 분명 수많은 고대의 유적이 아직도 도시의 땅속이나 그 위에 지은 현대식 건물 아래에 묻혀 있다. 로마 같은 역사적 유적지에서 맞닥뜨리는 과거는 이런 식으로 보존되어 있다.

이제는 상상력을 동원하여 로마를 인간의 거주지가 아니라 그만큼 오래되고 내용이 풍부한 과거의 심리적 실체라고 해 보자. 한번 발생한 것은 그 안에서 아무것도 소멸되지 않기에 근자의 것과 함께 발달의 초기 단계의 것들이 그대로 남아 있다고 하자. 이 가정은 로마로 비교하자면 팔라티노 언덕 위에 아직도 황제들의 궁전들이 남아 있고, 셉티미우스 세베루스 황제의 셉티조니움이 아직도 옛 구릉 위에 서 있고, 천사의 성이 고트족의 지배하에 들어갈 때까지 장식되었던 아름다운 조상들이 주석으로 만들어져 있었다는 것 등이다. 그것뿐만이 아니다. 오늘날 카파렐리 궁전의 자리에는, 이 건물을 우리가 옮길 필요도 없이 카피톨리노의 유피테르 신전이 그 위에 들어서게 될 것이다. 더구나 우리는 그것을 황제시대의 로마인들이 보았던, 가장 나중에 만들어진 모습으로만이 아니라 그것의 초기 모습, 즉 에트루리아 건축양식으로 만들어져 점토질의 막새를 하고 있는 모습까지 보게 될 것이다. 오늘날 원형 경기장이 서 있는 곳에서는 네로 황제의 도무스 아우레아(황금 궁전)를 동시에 보며 신기해할 것이다. 판테온 광장에서는 하드리아누스 황제가 남긴 오늘날의 판테온뿐만 아니라 귀족인 메네니우스 아그리파가 같은 자리에 세웠던 원래의 건물도 볼 수 있을지도 모른다. 산타 마리아 소프라 미네르바 교회와 원래 있었던 고대 미네르바의 신전은 같은 터에 있을 것이다. 방문객은 그저 시선의 방향만 바꾸거나 보는 위치만 바꾸어도 여러 풍경을 불러올 수 있다.

이런 공상을 더 이상 펼치는 것은 무의미하다. 그렇게 되면 상상할 수 없는 곳까지, 그리고 심지어 부조리함에까지 이를 수 있기 때문이다. 우리가 역사적 사건들을 공간적으로 묘사하고 싶다면, 공간 속에 그것들을 나란히 늘어놓음으로써 가능하다. 그러나 한 공간에 두 가지를 동시에 채울 수는 없다. 그렇게 하는 것은 쓸데없는 유희에 불과한 것처럼 보인다. 그것이 정당성을 가질 수 있는 근거는 단 하나, 정신생활의 특성들을 생생하게 묘사함으로써 우리가 얼마나 그것들과 멀어져 있는지를 보여 준다는 점일 것이다.

반론이 나올 것 같아 미리 설명을 해야 할 게 또 하나 있다. 하필이면 우리가 왜 도시의 과거를 선택하여 정신의 과거와 비교하는가 하는 점이다. 과거의 모든 것이 남아 있다는 가설은 정신생활에도 적용되지만, 정신 기관이 온전히 남아 있고 그 조직이 외상이나 감염을 당하지 않았다는 조건에서만 성립된다. 그런데 이런 질병의 원인과 비교할 수 있을지도 모르는 심각한 파괴는 어느 도시에나 다 남아 있다. 그것이 비록 로마와 같은 파란만장한 과거를 갖지 않았거나, 런던처럼 적의 지배를 거의 받지 않은 도시라 할지라도 말이다. 어떤 도시가 아주 평화롭게 발달한다 하더라도 건물을 헐고 다른 건물을 세우는 것은 당연하며. 그로 인해 도시가 애초에 정신 기관과 이런 비교를 하기에 적당한 대상은 아니다.

이런 반론에 우리도 굴복할 수밖에 없다. 따라서 분명한 대비효과를 포기하는 대신 동물이나 인간의 신체와 같은 좀 더 밀접한 관계가 있는 비교대상으로 눈길을 돌리기로 하겠다. 하지만 여기서도 우리는 똑같은 문제를 발견한다. 발달의 초기 단계들은 어떤 의미에서도 보존되어 있지 않다. 초기 단계들은 그 재료를 공급받은 후기 단계들에 완전히 흡수되어 버린다. 성인에게서 태아의 모습을 찾아낼 수는 없다. 아동들이 갖고 있는 흉선은 사춘기가 지나면 결합조직으로 대체되지만 그 자체로는 더 이상 존재하지 않는다. 성인 골격에서 아이 골격의 윤곽을 찾아볼 수 있지만, 아이의 뼈는 최종적인 형태에 도달할 때까지 길어지고 굵어져서 원래의 뼈 자체는 사라져 버린다. 오직 심혼적인 것 속에서만 모든 초기 단계가 최종 형태와 함께 보존될 수 있는데, 다만 우리가 이런 발달을 구체적으로 제시할 수 있는 상황은 아니다.

이 가설에 우리가 너무 빠진 것 같다. 아마 우리는 심혼생활에서 과거의 것은 보존될 수도 있고, 필연적으로 파괴되지 않는다고 주장하는 것으로 만족해야 할지도 모른다. 심혼적인 것 속에서도 오래된 것의 일부가 —그것이 규범적이든, 예외적이든 간에― 소멸되거나 흡수되어, 결코 복구되거나 되살아나지 못할 수도 있으며, 아니면 이 보존이 일반적으로 어떤 유리한 조건과 결부되어 있을 가능성이 항상 열려 있다. 그것이 충분히 가능하지만, 그에 대해 우리가 아는 것은 없다. 우리는 다만 심혼생활에서 과거의 보존이 낯선 가설이 아니라 규칙에 가깝다는 사실만은 확실하게 받아들여야 한다.

우리가 많은 사람에게서 "바다 같은" 감정이 존재한다는 점을 기꺼이 인정한다면, 그리고 그 감정을 자아 감각의 초기 단계에서 나온 것이라고 말하고 싶다면 다음의 문제, 즉 이 "바다 같은" 감정을 종교적 욕구의 원천이라고 주장할 권리가 무엇이냐 하는 문제가 생겨난다.

내 생각에 이런 주장이 반드시 옳지만은 않다. 어떤 감정은 어떤 강한 욕구의 표현일 경우에만 에너지의 원천이 될 수 있다. 내가 보기에 그것이 종교적 욕구가 되는 것은 유아기의 무력함과 그 무력감이 불러일으키는 아버지에 대한 동경 때문일 것이다. 그 무력감이 유아기에서 나중까지 단순히 지속될 뿐만 아니라 강력한 운명의 힘에 대한 두려움이 있을 때마다 꾸준히 보존되기 때문에 더욱 그러하다. 나는 우리에게 어린 시절에 아버지의 보호를 받고 싶은 욕구보다 더 강한 욕구가 있다고 보지 않는다. 그 결과 무제한적인 자기애의 회복 같은 것을 추구할지 모르는 "바다 같은" 감정의 역할은 뒷전으로 밀려난다. 우리는 종교적 태도의 기원이 유아기의 무력감까지 거슬러 올라간다는 것을 뚜렷하게 찾아볼 수 있다. 유아기의 무력감 뒤에 무엇인가가 더 있을지 모르지만, 그것은 현재로서는 안개 속에 가려 있다.

"바다 같은" 감정은 나중에 종교와 연결된 것이라 생각된다. 이런 느낌의 사고 내용으로 그에게 속한 우주와의 합일은 종교적 위안을 얻으려는 최초의 시도이면서 동시에 자아가 외부세계로부터 받는 위협을 위험으로 보고 거부하는 다른 방법으로 보인다. 거의 파악할 수 없는 이 존재에 대한 언급이 무척 어렵다는 점을 나는 다시 한번 고백하고자 한다.

만족할 줄 모르는 지식욕으로 비범한 실험을 되풀이하여 결국 전지한 지식을 얻은 내 친구들 중의 하나는, 외부세계를 등지고 신체 기능에 주의력을 집중하여 독특한 호흡법을 실행하는 요가 수련을 통해 마음속에 새로운 감각과 보편 감정을 불러일으킬 수 있다고 장담했다. 그 친구는 이 새로운 감각과 보편 감정이 오래전에 매몰된 태곳적 정신생활로 퇴행하는 것이라 여겼다. 그 친구는 거기에서 수많은 지혜의 바탕이 되는 신비주의의 소위 생리적 토대를 발견할 수 있다고 말한다. 여기서 신비한 정신생활의 다양한 측면들, 이를테면 무아지경과 황홀경 같은 것들과의 관계를 찾아내기는 어렵지 않을 것이다. 그러나 이보다 내게는 실러의 「잠수한 신하」가 한 말이 훨씬 호소력 있게 다가온다.

"기뻐하라, 거기 장밋빛 아래서 숨 쉬는 자여!"[6]

---

6   실러의 담시 Ballade 「잠수한 신하」에 나오는 구절. "Es freue sich,/Wer da atmet im rosigen Licht."

2장

「환영의 미래」라는 글에서 다룬 것은 종교적 감정의 깊은 원천이 아니라, 보통 사람이 자신의 종교 개념 하에 무엇을 생각하느냐는 것이었다. 이것은 종교적 교리와 약속의 체계를 말하는 것인데, 한편으로는 이 체계가 탄복할 만한 완벽함으로 이 세상의 비밀을 알려 주고, 다른 한편으로는 신의 섭리가 그의 삶을 세심하게 지켜 주고 그가 당하는 어떤 고난도 저 세상에서 보상해 줄 것이라는 확신을 준다. 보통 사람은 이 섭리를 위대하게 고양된 아버지의 인격에서 상상할 수밖에 없다. 그런 아버지만이 인간의 욕구를 알고, 그의 기도를 듣고 마음을 누그러뜨리고 그가 회개하는 모습을 보고 노여움을 가라앉힐 수 있다. 이 모든 것은 분명 유아적이고, 현실에서는 낯설기 때문에, 박애적인 심정을 가진 우리로선 대다수 인간이 이런 인생관에서 끝내 벗어나지 못한다는 사실이 가슴 아프다. 오늘날 이 세상에 살고 있는 사람들 중 상당 부분이 이런 종교를 막을 수도 없고, 도리어 하나하나씩 비참한 퇴각 전에서 그 종교를 견뎌야 함을 바라보고 있어야 한다는 말을 듣는 순간 큰 굴욕감까지 느껴진다. 종교의 신을 비인격적인, 그림자 같은 추상적인 원칙으로 대체하면서 그 종교의 신을 구원할 수 있다고 생각한 철학자들에게 '주 너의 하나님의 이름을 망령되이 일컫지 말라'는 말을 새겨듣기 위해 신자 대열에 줄을 서려고 한다. 과거의 위대한 사상가들 중 몇몇이 같은 일을 행했다 하더라도, 이 점에 있어서 그들을 모범으로 삼을 수는 없다. 우리는 그들이 그럴 수밖에 없었던 이유를 알고 있다.

이제 우리가 보통 사람과 그의 종교, 즉 이 이름을 가질 수 있는 유일한 종교로 돌아가자. 그러면 곧장 우리의 위대한 시인들과 현자들 중의 한 사람의 유명한 말이 떠오른다. 이 말은 예술과 학문에 대한 관계를 이렇게 표현한다.

> 학문과 예술을 소유하는 자들은
>
> 종교도 갖고 있다.
>
> 그 둘을 소유하지 않은 자들은
>
> 종교를 가질지라.[7]

이 잠언은 한편으로는 종교를 인간의 최고의 성과인 두 가지 것과 대립시키고, 다른 한편으로는 인생에서의 가치에 있어서 그 두 가지가 종교와 상응하거나 서로 대체될 수 있다는 뜻을 담고 있다.

---

7 괴테의 『온건한 크세니엔(*Zahme Xenien IX*)』. 유고집의 시. "Wer Wissenschft und Kunst besitzt,/hat auch Religion;/Wer jene beiden nicht besitzt,/der habe Religion!"

우리가 보통 사람에게 종교가 없다고 논박하려 한다면, 우리가 이 시인의 권위를 우리 편으로 끌어들이지 못할 것이다. 우리는 괴테가 한 말의 진가를 알기 위해 특별한 방법을 택할 것이다. 우리에게 주어진 인생은 우리한테 너무 가혹하다. 그것은 너무 많은 고통과 실망과 해결할 수 없는 과제를 우리에게 안겨 준다. 우리는 그 인생을 견디기 위해 위안의 수단을 배제할 수 없다. ("건물을 짓는 데 가설물이 없으면 안 되는 거예요"[8]라고 테오도르 폰타네는 우리에게 말했다.) 그런 수단은 세 가지를 꼽을 수 있다. 우리의 불행이 전부가 아니라는 것을 알게 하는 강력한 편향, 불쾌를 감소시키는 대리 만족, 그 불쾌를 무감각하게 만드는 마취제 같은 것들이다. 이런 종류의 어떤 것들이 필수불가결하다.[9] 볼테르가 자기 소설 『캉디드』의 마지막 부분을 "정원을 가꾸라"라는 충고의 말로 맺은 것은 바로 편향을 염두에 둔 말이다. 학문적 활동도 그런 편향의 일환이다. 예술이 제공하는 것 같은 대리 만족은 현실과 대비하여 보면 환영이지만, 그로 인해 환상이 심혼생활에서 차지하는 역할 덕분에 심리적으로 적잖은 효과를 지니고 있다. 마취제는 우리의 몸에 영향을 주어 몸의 화학작용을 변화시킨다. 이 세 가지 부류 가운데 종교가 어떤 위치를 점하는지를 말하는 것이 그렇게 간단하지 않다. 좀 더 넓게 살펴보

---

8 역주: 테오도르 폰타네가 쓴 『에피 브리스트』, 35장 마지막 부분에서 빌러스도르프가 한 말.

9 빌헬름 부시는 『경건한 헬레네(Die fromme Helene)』에서 약간 서민적인 목소리로 "걱정이 많은 사람에겐 술도 있다"고 말한다.

아야 한다.

　인생의 목적이 무엇인가 하는 문제는 수없이 제기되었지만, 아직 만족할 만한 답을 얻지 못했고, 아마 그런 대답은 있을 수도 없을 것 같다. 이 문제를 제기한 많은 사람은 인생이 아무 목적도 없는 것으로 밝혀지면 그것은 아무런 가치도 없을 것이라는 말을 덧붙인다. 그러나 이런 식으로 위협을 한다 하여 상황이 달라지진 않는다. 그보다는 오히려 우리가 그런 질문을 거절할 권리를 갖고 있다는 것이 옳지 않은가 하는 생각이 든다. 그 질문의 전제가 우리가 다른 표현에서도 익숙히 알고 있는, 인간이 지닌 자만처럼 보이기 때문이다. 동물의 삶의 목적은 인간에게 봉사하는 데 있다고 여겨지는 것 이외에는 전혀 없다. 그러나 그것마저도 문제가 많다. 왜냐하면 인간이 ―인간이 그들의 존재를 기술하고 분류하고 연구하는 것을 빼면― 많은 동물을 알지도 못하고, 나아가 수많은 동물은 인간이 그들을 만나기도 전에 존재했다가 사라졌으므로 그런 용도에서 벗어난다. 그러므로 인생의 목적이 무엇이냐는 질문에 대답할 수 있는 것은 역시 종교뿐이다. 인생의 목적에 대한 이념이 종교 체계와 함께하고 같은 것이라고 결론지어도 틀린 것이 아니다.

　그렇다면 우린 이제 좀 더 가벼운 문제로 눈을 돌려 보자. 사람들이 스스로 자기 행동을 통해 자신들의 삶의 목적과 의도가 무엇이라고 생각하는가, 자신들은 삶에서 무엇을 얻기를 바라고 그 삶에서 이르고자 하는 목표가 무엇인가? 이 질문에 대한 대답은 간단하다.

사람들은 쾌감을 추구하고, 더 많은 쾌감을 얻기를 원하고 그런 상태를 유지하고 싶어 한다. 이 쾌감추구는 적극적인 목표와 소극적인 목표라는 두 가지 측면이 있다. 한편으로는 고통과 불쾌를 없애고 다른 한편으로는 강한 쾌감을 체험하는 것이다. 좁은 의미의 "쾌감"은 두 번째와 관계된다. 목표가 이처럼 양분되어 있기 때문에 사람들의 활동도 두 가지 방향으로 갈리는데, 이 목표들 중 어느 한쪽을 —주로 어느 한쪽을 또는 다른 것을 완전히 배제하고— 실현하려고 하느냐에 따라 달라진다.

주지하다시피 인생의 목적을 설정하는 것은 쾌감원칙의 기획이다. 이 쾌감원칙은 처음부터 정신기관의 작용을 지배한다. 이 원칙의 목적 지향성은 의심할 여지가 없지만 그 기획은 소우주만이 아니라 대우주도 포함하는 전 세계와 적대 관계에 있다. 이 기획이 실행될 가능성은 전혀 없다. 우주의 모든 장치들이 그것에 대항해 움직이기 때문이다. 인간이 "만족한" 존재라는 뜻은 "창조"의 계획에 포함되어 있지 않다고 말하고 싶을 정도다. 엄격한 의미의 쾌감은 극도로 억눌렸던 욕구들이 갑작스럽게 충족되는 것에서 생기고, 이런 일은 그 본성상 일회적 현상으로만 가능할 뿐이다. 쾌감원칙이 갈구하는 상황도 오래 지속되면 미적지근한 쾌감을 주는 감정일 뿐이다. 우리 인간은 오직 대비를 통해서만 강렬한 쾌감을 얻을 수 있고 지속적 상태에서는 즐거움을 얻지 못하도록 설계되어 있다.[10] 따라서 우리가 쾌감을 얻을 가능성은 우리의 그런 심리구조 때문에 이미 제한되어 있다. 그에 반해 불쾌를 경험하기는 훨씬 쉽다. 다음의 세 방향에서 오는 고통이 우리를 위협하고 있기 때문이다. 첫째는 우리 자신의 유기체에서 오는데, 유기체는 결국 썩어 없어질 운명이고, 그나마 경고의 신호로 고통과 불안까지도 배제할 수 없다. 둘째는 우리를 둘러싼 환경에서 오는데, 이것은 위압적이고 가차 없는 파괴력으로 우리에게 사납게 달려들 수 있다. 그리고 마지막으로 타인들과의 관계에서 온다. 이 근원으로부터 오는 고통은 다른 어떤 고통보다 더 아프다. 우리는 이 고통을 너무 많이 뿌린 양념 정도로 생각하는 경향이 있지만, 사실은 다른 원인에서 비롯된 고통 못지않게 숙명적으로 피할 수 없는 고통이다.

이런 여러 가지 고통들의 압박하에서 쾌감원칙 자체도 외부세계의 영향으로 아주 소박한 현실원칙으로 바뀌듯 사람들이 자신의 쾌감에 대한 요구를 낮추고, 불쾌를 면하고 고통을 극복한 것을 다행으로 선언하며, 아주 일반적으로 쾌감획득을 뒷전으로 몰아내는 것이 고통을 피하는 것이라 해도 놀랄 만한 일은 아니다. 잘 생각해 보면 고통을 피하고 쾌감을 얻는 이런 과제를 해결하기 위해 다양한 방법을 시도할 수 있고, 이런 다양한 방법들은 삶의 지혜에 대한 개별적 학파에 따라 온갖 방법으로 가르침을 행해 왔고 이를 추종하

---

10 실제로 괴테는 "아름다운 날들이 계속되는 것만큼 견디기 어려운 것은 없다"고 경고한다. 물론 이것은 과장일 수도 있다.

는 사람들에 의해 실천되어 왔다. 모든 욕구를 만족시키는 것이 삶을 영위하는 가장 매혹적인 방법으로 끌리겠으나 이 말은 곧 쾌감을 최우선시하는 것으로서 시행되자마자 곧 대가를 치르게 된다. 불쾌를 피하는 것을 주목적으로 보는 방법들은 그들이 주된 관심을 기울이는 불쾌의 원천에 따라 구별된다. 그중에는 극단적인 방법도 있고 적절한 방법도 있는데, 하나는 일방적인 것이고 다른 것은 문제를 여러 방향에서 동시에 다루는 방법들이다. 자발적인 고독, 다른 사람과 거리 두기는 대인 관계에서 일어나는 고통을 막는 가장 손쉬운 방법이다. 내가 알기로 이런 길을 통해 얻을 수 있는 쾌감은 안식의 쾌감이다. 공포를 유발하는 외부세계에 대항하여 이 모든 것을 스스로 해결하려면, 일체의 것을 외면하는 방식보다 더 잘 자신을 지킬 수 있는 것은 없다. 물론 그와는 다른 더 나은 방법이 있다. 그것은 인간 공동체의 구성원으로서 과학에 기반을 둔 기술을 바탕으로 자연을 지배하는 방향을 택해 자연을 인간의 의지에 종속시키는 방법이다. 그럴 경우, 우리는 모든 사람의 행복을 위해 갖가지 수단을 찾는다. 그러나 고통을 피하는 방법 가운데 가장 흥미로운 것은 우리 자신의 유기체에 영향을 미치려고 하는 것이다. 결국 모든 고통은 결국 감각에 불과한 것으로, 그것은 우리가 감각하는 경우에만 존재하며, 우리가 그것을 감각하는 것은 또한 우리 유기체의 어떤 장치 때문이다.

유기체에 영향을 미치는 가장 거친, 그러나 가장 효과적인 방법은 화학적 방법을 통한 중독이다. 나는 그 기제를 완전히 꿰뚫어 보고 있는 사람이 없다고 보지만 신체조직과는 다른 물질이 있어 혈액이나 근육조직에 들어가면 우리에게 쾌감을 만들어 내고 나아가 우리의 감각적 삶의 조건을 변화시켜 불쾌의 유입을 무력화시키는 것은 사실이다. 두 작용이 동시적으로 일어날 뿐 아니라 내적으로도 결부되어 있는 것 같다. 동시에 우리 몸에 화학작용이 일어날 때에도 이와 비슷하게 작용하는 물질이 존재하는 것이 틀림없다. 왜냐하면 우리가 적어도 조증이라는 병리적 상태를 알기 때문이다. 조증의 경우 마약을 하고 환각을 보는 것과 비슷한 상태가 된다. 그 외에도 우리의 정신생활은 쾌감발산을 어렵게 하는 경우와 쉽게 하는 경우 사이의 편차를 보이고, 이와 더불어 불쾌의 수용성도 감소하거나 확대하는 추세로 병행하여 나타난다. 정신작용의 중독 측면에 대한 학문적 연구가 지금까지 없었다는 점은 매우 유감스럽다. 쾌감을 얻고 고통을 멀리하기 위한 몸부림에서 환각제의 효과는 아주 큰 자비로 여겨져 개인이나 집단들은 그들의 리비도 경제학에서 그들에게 확고한 지위를 부여했다. 우리는 환각제에서 직접적 쾌감을 얻을 수 있을 뿐 아니라 외부세계의 지배에서 그렇게도 열망한 해방감을 맛볼 수 있다. 근심을 없애 주는 술의 도움으로 언제든 현실의 압박감을 벗어나, 자기만의 세계에서 좀 더 기분 좋은 감정 상태로 도피처를 찾을 수 있기 때문이다. 잘 알려져 있듯이 환각제의 이런 특성이 그 위험과 유해함의 원인이기도 하다. 환각제는 경우에 따라 인류의 숙명을 개선하는 데 쓰였을 수도 있는 막대한 에너지를 소실시킨 책임이 있다.

그러나 우리 정신기관은 워낙 복잡해서 다른 수많은 영향력이 있을 수도 있다. 욕동 충족이 쾌감인 것과 마찬가지로 힘든 고통 또한 외부세계가 우리를 굶주리게 할 때, 즉 우리 욕구 충족을 거부할 때 생겨난다. 따라서 우리는 이런 충동들에 영향을 미침으로써 부분적으로 고통에서 해방되기를 바랄 수 있다. 이러한 고통방어는 감각기관을 건드리는 것이 아니라 욕구의 내적 원천을 지배하려고 애쓰는 것이다. 극단적인 경우 이것은, 동양의 삶의 지혜에서나, 요가를 수행하는 데서 보듯이 욕동을 죽이면서 일어난다. 이것이 성공하려면 그와 동시에 다른 모든 활동들을 포기해야만 하고(삶을 희생해야 하고), 다른 방법으로 다시 은일隱逸의 쾌감을 얻을 수 있다. 우리가 단지 충동적 삶을 제어하는 것을 목표로 한다면, 목표를 적게 가질 때에도 같은 방법을 따른다. 여기서 지배적인 것은 현실원칙에 복종하는 더 높은 심리적 심급이다. 그러나 이때도 욕동 충족의 의도는 결코 포기되지 않는다. 고통을 막는 장치가 작동하는 것은 종속된 욕동들의 좌절이 억제되지 않은 욕동들의 좌절만큼 그렇게 고통스럽게 느껴지지 않기 때문이다. 그러나 그만큼 쾌감의 가능성이 줄어드는 것은 부인할 수 없는 일이다. 자아에 길들여지지 않은 거친 충동을 만족시킬 때 얻는 쾌감은 길들여진 충동을 만족시킬 때와는 비교할 수 없을 정도로 더욱 강렬하다. 아마 금지된 것에 대해 갖는 전반적인 유혹이 다 그렇겠지만 변태적인 충동에 저항할 수 없는 것은 이 지점에서 경제적인 설명을 가능하게 한다. 고통을 방어하는 또 다른 기술은 우리 정신기관이 허용하는 리비도 전이를 들 수 있다. 이 전이로 인해 정신기관의 유연성이 크게 확장된다. 리비도 전이가 해결할 과제는 욕동의 목표들이 외부세계의 거부와 만날 수 없는 방향으로 옮기는 것이다. 욕동의 승화는 이 전이를 도와준다. 가장 성공적인 경우는 사람들이 정신적, 지적 작업에서 나온 쾌감획득을 충분히 성취할 때이다. 그렇게 되면 인간의 숙명도 어떤 사람에게 해를 끼치지 못한다. 예술가가 창작품이나 환상적 형상을 구체화할 때 느끼는 희열, 학자가 문제점들을 해결하고 진리를 인식할 때의 희열과 같은 종류의 만족감은 특별한 성격을 지니고 있는 것인데, 언젠가는 메타 심리학적으로 규명할 수 있을 것이다. 그러나 현재로서는 그저 그런 만족감이 "더 세련되고 고상하게" 보인다고 어렴풋이 말할 수 있을 뿐이다. 그러나 이 만족감은 조야하고 원시적인 충동을 만족시킬 때의 충동에 비하면 아주 미약하고 우리의 육체를 크게 전율시킬 수 없다. 나아가 이 방법의 약점은 일반적으로 적용될 수 없다는 점이고, 아주 소수에게만 그 접근이 가능하다는 점이다. 이 방법은 특별한, 실제로 성취되기 어려운 천성과 재능을 전제한다. 더구나 소수의 사람에게서조차 그 방법은 완전한 고통으로부터의 보호막을 보장하지 못한다. 그것은 운명의 화살이 뚫을 수 없는 갑옷이 아니며, 고통의 원천이 그 사람 자신의 몸에 있는 경우

실패할 확률이 높다.[11]

우리가 자신의 욕구 충족을 내적이고 심리적인 과정에서 찾으려는 방법에서도 외부세계로부터 자신을 독립하게 하려는 의도가 분명히 보이기는 하나, 곧 이어지는 방법에서는 같은 현상들이 훨씬 더 강하게 모습을 드러낸다. 여기서는 현실과의 연관성이 더욱 느슨해지고 만족은 환영들에서 얻은 것이지만, 그 환영들은 그 자체로 인식되어 그것을 향유하는 데 있어서 현실과의 괴리로 인해 방해를 받지 않는다. 이 환영들을 만든 영역은 상상력의 영역이다. 이 영역은 현실감각의 발달이 성취되었을 즈음에 분명한 현실성의 요구들과는 떨어져 있었으며 성취하기 어려운 소망들을 실현할 목적을 지니고 있었다. 이런 환상욕구 충족의 맨 처음에 예술작품에 대한 향유가 자리하고 있다. 이 향유는 스스로 창조한 작품이 아니라 예술

---

11 특별한 품성이 있어 삶의 관심을 일정한 방향으로 돌리게 하지 않는 한, 평범하고 누구나 할 수 있는 직업노동은 뜰을 가꾸라고 한 볼테르의 현명한 충고처럼 그 방법을 대신할 수 있다. 리비도 경제학에서 노동이 얼마나 중요한가 하는 것을 개요 형식의 글에서 충분히 논할 수는 없다. 어떤 처세술도 노동의 강조만큼 개인을 현실에 단단히 잡아매는 것은 없다. 노동이 적어도 현실의 일부분, 즉 인간 공동체에 단단한 입지를 보장하기 때문이다. 상당한 정도의 리비도적 요소들, 자기애적, 공격적, 심지어 성적 요소들을 직업노동에 전이하고 또 그와 관련된 인간관계에 전이할 가능성은 노동의 의미에 큰 의미를 부여하는데, 이것은 사회에서의 존재를 정당화하고 강화하는 근본적인 노동의 가치에 결코 뒤지지 않는다. 직업 활동은 그것이 자유의지에 따라 선택된 경우, 즉 지속적으로 좋아하고, 지금까지 유지하여 온, 그리고 기질적으로 강화된 욕동들을 승화를 통해 활용하게 만들 경우 특별한 만족감을 준다. 그럼에도 불구하고 노동은 인간을 쾌감으로 이끄는 수단으로 여겨지지 않는다. 그것은 다른 만족감의 수단들에 비해 내켜서 하는 것이 아니기 때문이다. 대다수의 사람은 노동을 그저 어쩔 수 없이 받아들인다. 노동을 피하려는 인간의 경향성에서 여러 가지 어려운 사회적 문제가 파생한다.

가가 만든 작품을 통해서도 가능하다.[12] 예술의 영향력에 민감한 사람이라면 그것이 즐거움의 원천이고 삶의 위안임을 높이 평가하지 않을 사람이 없다. 그러나 예술이 제공하는 어렴풋한 마취 상태는 고달픈 삶을 잠시 잊게 해 줄 일시적 도피일 뿐, 현실의 고통을 없앨 만큼 강력하지는 않다.

더 강렬하고 철저한 또 다른 방법이 있는데 그것은 모든 고통의 유일한 원천이어서 더 이상 함께할 수 없는 현실을 유일한 적으로 보는 방법이다. 그 때문에 어떤 의미에서든 행복하기 위해서는 그 현실과의 모든 관계를 끊어야 한다. 이 은둔자는 세상으로부터 등을 돌리고 그것과는 상관하지 않으려고 한다. 그러나 더 많은 것을 할 수도 있다. 이 세상을 바꾸려고 할 수도 있는데 이를테면 그런 세상 대신 참을 수 없는 모습은 제거하고 자신의 소원대로 이루어진 다른 세상을 건설하려고 애쓰는 것이다. 그러나 절망적 분노에 싸여 행복을 얻기 위해 이 길에 들어선 사람은 십중팔구 아무것도 성취하지 못한다. 현실이 그에게 너무 가혹하기 때문이다. 그는 정신이상자가 되고 그의 망상을 실행하는 동안 아무도 도와주는 사람이 없다. 그러나 우리 모두가 어떤 점에 있어서는 편집증자가 행동하듯이 하나의 소원을 만들어 자신에게 고통이 되지 않는 세상의 일면을 만들고 이 망상을 실현하고 있다는 주장도 있다. 쾌감을 얻고 고

---

12 「심적 사건의 두 가지 원칙에 대한 논고」와 『정신분석 강의』 중 제23강을 참조할 것.

통을 피하기 위해 수많은 사람이 공동으로 현실을 망상에 따라 개조하려 하는 경우는 특별한 의미가 있다. 우리는 인류가 가진 종교도 바로 그런 집단적 망상으로 보아야 한다. 물론 그 망상을 공유하는 사람은 그것을 결코 인식할 수 없다.

　나는 인간이 쾌감을 얻고 고통을 막기 위해 사용하는 방법들을 모두 제시했다고 생각하지 않는다. 더구나 이것은 다른 맥락에서 이야기해야 한다. 나는 이런 방법들 중 하나를 아직 언급하지 않았다. 그것은 잊어버렸기 때문이 아니라 나중에 우리가 다른 맥락에서 다룰 것이기 때문이다. 삶의 예술을 다루는 바로 이 기술을 어찌 잊을 수 있겠는가! 그 방법은 기이한 특성들이 하나로 결합된 것으로 유난히 눈에 띈다. 이 방법도 역시 운명으로부터의 독립을 ―그것을 우리가 이렇게 부르는 것이 가장 낫다― 지향하고, 이런 의도로 만족을 내적인 정신작용에 두고, 이 과정에서 우리가 앞에서 언급한 리비도의 전이성을 따른다. 그러나 이 방법은 외부세계와 단절하지 않고 오히려 외부세계의 대상들에 갇혀 있으며, 그 대상들에 대한 감정적 관계에서 쾌감을 얻는다. 하지만 이 방법은 다소 지치고 체념 어린 것으로, 불쾌 회피의 목표에도 만족하지 않는다. 오히려 그 목표에 아랑곳하지 않고 지나치며, 긍정적인 쾌감 충족에 대한 원초적이고 정열적인 노력에 집착한다. 아마도 이 방법은 다른 방법보다 이 목표에 가까이 다가가 있는 듯하다. 내가 말하려는 이 방법은 다름이 아니라 사랑을 모든 것의 중심에 두는 삶의 방식, 사랑하고 사랑받는 것에서 모든 만족을 찾는 삶의 방식이다. 이런 부류의 정신적 태도는 우리 모두가 너무나 잘 알고 있는 것이다. 사랑의 표현 형식들 중 하나인 성애는 쾌감을 가장 강렬하게 경험할 수 있게 해 주고, 이런 방식으로 쾌감추구의 모범을 보여 준다. 처음으로 우리가 쾌감을 얻었던 같은 길에서 또다시 쾌감을 찾으려고 하는 것보다 더 자연스러운 일이 어디 있는가? 그럼에도 이 방법이 지니고 있는 약점은 쉽게 드러난다. 그렇지 않다면 어느 누구도 쾌감을 얻는 이 길을 버리고 다른 길을 택하려 들지는 않을 것이다. 어떤 경우도 우리가 사랑하고 있을 때의 고통만큼 보호받지 못할 때가 없고, 어떤 경우도 우리가 사랑하는 대상을 잃거나 그의 사랑을 잃었을 때만큼 무력한 불행을 당할 때도 없다. 그러나 사랑이 주는 쾌감의 가치에 토대를 둔 방법은 그로 끝나는 것이 아니다. 그에 대해서 우리는 더 많은 이야기를 해야 한다.

여기서 우리는 삶의 쾌감을 주로 미의 향유에서 찾는 흥미로운 경우를 살펴봐야 한다. 우리의 감각이나 우리의 판단이 닿는 곳이라면 언제나 존재하는 인간의 사상과 행위, 자연의 대상물과 경치, 예술적이고 나아가 학문적인 창조물에서도 찾을 수 있는 미의 향유 말이다. 삶의 목표에 대한 심미적 태도는 고통의 위협으로부터 우리를 지켜 주지 못하지만 여러 가지 점에 있어서 보상해 줄 수는 있다. 미를 향유하는 것은 아주 특별한, 마법적인 감각성을 갖고 있다. 미의 유용성은 분명히 드러난 것이 없다. 그것의 문화적 필연성도

미지수다. 그러나 그것이 문화에서 없어서는 안 될 요소이다. 미학이라는 학문은 어떤 조건하에서 미적인 것이 감지되는지를 연구하는 학문이다. 그러나 아직까지 그 미의 본성과 기원에 대해서는 분명한 설명을 하지 못하고 있다. 늘 그러하듯 요란하고 내용이 없는 말들만 무성하고 결과는 없다. 유감스럽게도 정신분석 또한 이 미에 대해 아는 것이 거의 없다. 유일하게 성적 감각의 영역에서 나온 것만큼은 분명한 것처럼 보인다. 그것은 아마도 목적을 이루지 못한 충동을 보여 주는 모범적인 사례가 아닐까 한다. "미"와 "자극"은 원래 성적 대상의 특성들이었다. 바라볼 때 항상 성충동을 느끼게 하는 성기 자체는 거의 아름답다고 판단되지 않으나, 그에 반해 어떤 이차적인 성적 특성들에서 미의 특성이 보장된다는 것은 특기할 만하다.

이제 나는 모든 것을 설명하지는 못했으나 우리 연구를 종결할 논점들을 논의하고자 한다. 우리가 쾌감을 얻도록 풀무질하는 쾌감 원칙의 기획은 성취될 수 없다. 그러나 우리는 그 성취에 어떤 식으로든 가까이 가는 노력을 포기해서는 안 된다. ─ 아니, 포기할 수가 없다. 우리는 아주 다양한 길들을 선택할 수 있는데 가령 쾌감획득이라는 적극적인 길을 우선시할 수도 있고, 불쾌의 회피라는 소극적인 길을 우선시할 수도 있다. 이 중 어떤 길을 택하더라도 우리가 욕망하는 것을 모두 얻을 수는 없다. 우리가 가능하다고 인정하는 제한된 의미에서의 쾌감이란 개인적인 리비도 경제학의 문제이다. 모두에게 같이 적용되는 해결책이란 없다. 사람들은 저마다 자신이 행복하게 되는 특별한 스타일을 스스로 찾아야 한다. 아주 다양한 요소들이 이 길을 선택하는 데 작용할 것이다. 중요한 것은 그가 외부세계로부터 어느 정도의 실제적 만족을 기대하는가, 외부세계로부터 독립적이 되기 위해 어느 정도로 동기유발이 되어 있는가, 마지막으로 이 외부세계를 자신의 소원에 따라 변화시킬 힘을 얼마나 부여하고 있는가 하는 점이다. 이때 외적 상황과 관계없이 개인의 정신적 천분이 결정적인 역할을 한다. 관능적인 사람은 주로 다른 사람들과의 감정적 관계를 우선시할 것이고, 자족에 빠진 자기 도취자는 근본적인 만족을 자기의 내적 정신과정에서 찾을 것이고, 행동적인 사람은 자기의 힘을 과시할 영역인 외부세계를 절대 포기하지 않을 것이다. 이런 유형들의 중간형에 속하는 사람들은 자신의 재능의 유형과 자신에게 가능한 충동의 승화가 어디에 자신의 관심이 쏠리느냐에 따라 결정된다. 극단적인 선택을 할 경우, 배타적으로 선택된 처세술이 가져오는 불충분함으로 인하여 개인에게 쏟아지는 위험 때문에 대가를 치르게 된다. 신중한 상인은 그의 전 자산을 한곳에 모아 두는 것을 피한다. 이와 마찬가지로 삶의 지혜는 아마 모든 만족을 한 가지 방향에서만 찾지 말라고 충고할 것이다. 성공 여부는 결코 확실치 않다. 그것은 많은 동기의 접점에 달려 있다. 정신적 천분 능력에 달려 있을 수도 있고, 환경에 그것이 얼마나 적응하느냐에 따를 수도 있고 또 이것을 쾌감획득에 어떻게 이용하느

나에 달려 있을 수도 있다. 유난히 힘든 충동적 천분을 가지고 태어났거나 나중에 능력을 발휘할 수 있도록 리비도 능력을 바꾸고 새로 배치하는 일이 규칙에 따라 이루어지지 않은 사람은 어려운 일이 닥칠 때는 말할 것도 없고 단순한 외부적 상황에서도 즐거움을 얻기가 힘들 것이다. 그래도 남은 대체만족이라도 약속해 줄 처세술이라곤 대부분 이미 그가 어린 시절 즐겼던 신경증으로 도피하는 길이다. 만년이 되어 즐거움이라고 조바심 내며 찾아다닌 것이 헛수고라는 것을 안 사람은 만성적 중독에서 찾는 쾌감이 그나마 위안거리가 되거나 정신병에서 절망적 반항을 시도한다.[13]

종교는 사람들이 쾌감을 얻고 고통을 피하는 데 이르는 길을 같은 방식으로 강요하기 때문에 선택과 적응의 여지를 제한하고 있다. 종교가 가르치는 처세술은 삶의 가치를 억누르고 현실세계의 실상을 망상으로 왜곡하는데 이는 실상 지성을 위협하는 것을 의미한다. 그 대가로 인간을 심리적 유아상태에 강제로 묶어 두고 집단 광기로 끌어들임으로써 종교는 많은 사람을 신경증에서 구제하는 데 성공한 것이다. 하지만 더 이상의 성공은 거두지 못했다. 우리가 이미 말했듯이 인간이 도달할 수 있는 쾌감에 이르는 길은 수없이 많지만 확실히 거기로 인도하는 길은 없다. 종교도 그 약속을 지켜

---

13 위의 논의에서 생긴 오류들 중 하나를 지적하지 않을 수 없다. 인간의 쾌감획득에 관한 고찰에서 나르시시즘과 대상 리비도의 상대적 관계를 고려해야 한다는 점을 빠뜨려서는 안 된다. 본질적으로 자기를 향한다는 것이 리비도 경제에 무슨 의미가 있는지 나는 알고 싶다.

내지는 못한다. 기독교 신자가 하나님의 "측량할 수 없는 깊은 뜻"이라는 말을 어쩔 수 없이 써야 한다면, 무조건적인 복종만이 위안의 마지막 가능성과 쾌감의 마지막 원천이 고통 속에 남아 있다는 것을 실토하는 것이다. 이렇게 할 각오가 되어 있다면 그렇다면 굳이 그런 우회로를 돌아가지 않아도 될 것이다.

3장

쾌감에 대한 우리의 연구는 일반적으로 알려지지 않은 많은 것에 대해서 큰 성과를 얻지 못했다. 인간이 쾌감을 얻기가 왜 그토록 어려운가 하는 문제와 함께 우리가 이 연구를 한 걸음 더 진전시킨다 해도 새로운 것을 알게 될 가능성은 그리 많지 않은 듯하다. 우리는 그간 고통을 만드는 세 가지 원천, 즉 자연의 압도적인 힘, 우리 육체의 허약함, 가족, 국가, 사회에서 인간들의 관계를 규정하는 제도들의 불완전함에 대해 언급하면서 이에 대한 대답을 하였다. 처음의 두 원천에 대해서는 우리의 판단을 저울질할 필요가 없다. 우리는 이 두 원천을 인정할 수밖에 없고 불가피한 것으로 인정할 수밖에 없다. 인간은 결코 자연을 완전히 지배할 수는 없을 것이고, 이 자연의 일부인 우리의 유기체는 덧없는, 적응과 능력에 제한된 모습으로 남아 있을 것이다. 그러나 이런 인식은 맥 빠진 효과만 내지는 않는다. 오히려 이 인식은 우리 행동에 방향을 제시한다. 우리가 모든 고통을 제거할 수는 없다 해도 그 일부는 제거할 수 있고, 또 다른 어떤 것들은 완화할 수 있다. 우리는 그것을 수천 년 동안의 경험으로 확신할 수 있다. 세 번째 원천, 즉 고통의 사회적 원천에 대해서 우리는 다른 태도를 취한다. 우리는 이 원천을 전혀 인정하려 들지 않는다. 그리고 왜 우리 자신이 만든 제도가 우리 모두에게 보호와 자비를 제공하지 못하는지 알 수 없다. 하물며 우리가 이 분야의 고통 회피가 얼마나 성공하지 못했는지를 생각해 본다면, 여기에도 역시 정복하기 어려운 자연의 일부, 즉 인간 고유의 정신적 속성이 그 배경에 숨겨진 게 아닐까 하는 의심이 일어난다.

우리는 이 가능성을 연구하는 과정에서 놀라운 주장을 만나게 되는데 그것을 다루지 않고 넘어갈 수는 없다. 우리의 고통스런 삶의 대부분은 소위 말하는 우리가 만든 문화라는 것이다. 그러므로 우리가 문화를 포기하고 원시적 상태로 돌아가면 지금보다 훨씬 행복해질 것이라는 주장이다. 내가 이 주장에 대해 매우 놀라는 것은 ―우리가 어떤 식으로 문화를 정의하든 간에― 고통의 원천에서 오는 위협에 대해 우리를 지키는 모든 것은 우리가 말하는 그 문화의 일부분이라는 것이 분명하기 때문이다.

그렇게 많은 사람들이 문화 적대감이라는 기이한 입장을 취하게 된 배경은 무엇일까?[14] 나는 그 시대마다의 문화 현상에 대한 깊고도 오래 지속되는 불만이 특별한 역사적 동기가 있을 때마다 이런 판단을 내리도록 한 토대를 만들었다고 본다. 나는 그 전과 전전의 동기들을 말할 수 있다. 나는 이런 동기들의 연쇄적 과정을 인류의

---

14   역주: 「환영의 미래」의 앞부분에서도 프로이트는 이 문제를 상당히 길게 논의한다.

초기 역사로 거슬러 올라가 규명할 만큼 학식이 풍부하지 않다. 이 교도들에 대한 기독교도들의 승리에 이미 그런 문화 적대적인 요인이 작용했을 것으로 본다. 기독교의 교리로 인해 만들어진 이 땅의 삶에 대한 부정적 평가가 밀접한 관련을 맺고 있다. 전전의 동기들은 탐험의 발달과 더불어 원시부족들과 종족들을 만나면서 생겨난 것이다. 이들의 관습과 풍속에 대한 유럽인들의 불충분한 관찰과 오해로 인해 유럽인들의 눈에 이들은 단순하고 욕구가 적고 만족한 삶을 영위하는 것으로 보였다. 이런 삶은 문화적으로 우월하였던 방문객인 자기네들에게는 없는 것이었다. 나중에 경험을 통해서야 이전 종류의 판단을 고쳐 잡았다. 많은 경우 유럽인들은 평화로운 삶의 기준을 잘못 잡았는데, 욕구 충족에 있어서 그 기준을 자연의 풍성한 혜택과 편안함으로 잡은 것을 유럽의 복잡한 문화적 요구가 없었기 때문인 것으로 착각한 것이다. 바로 직전 동기는 우리가 특히 잘 알고 있는 것으로서 우리가 문화인의 최소한의 만족감마저 파괴해 버리는 신경증의 메커니즘을 알고 난 이후에 발생한 것이다. 우리가 신경증에 걸리는 이유는 사회가 자체의 문화적 이상을 실현하는 가운데 우리에게 부과하는 욕구 충족의 거절을 견디지 못하기 때문이라는 것을 알게 되었다. 그리고 여기에서부터 사회의 요구들이 폐지되거나 줄어들면 만족감을 얻을 가능성이 많아진다는 결론이 나온 것이다.

다른 문화에 대한 실망의 동기가 또 하나 있다. 지난 수 세대 동안 인류는 자연과학과 그것의 기술적 적용에서 괄목할 만한 성과를 거두었고 전에는 상상할 수 없을 정도의 자연에 대한 지배력을 확보했다. 이런 발전의 개별 성과들은 보편적으로 잘 알려져 있기 때문에 그것을 일일이 열거할 필요는 없다. 인류는 이런 성과에 대해 자신감이 있으며 또 그럴 만한 자격이 있다. 이런 공간과 시간에 대한 새로운 조작, 자연력에 대한 지배가 수천 년간의 꿈이었던, 삶에서 요구되는 쾌감만족의 양을 조금도 늘리지 못했고 느낌에 따라 보건대 자신들을 더 행복하게 만들지도 못했다고 생각하는 것 같다. 이런 확신에서 우리는 자연에 대한 지배가 인간 행복의 유일한 조건이 아닐뿐더러 문화 추구의 유일한 목표도 아니며, 우리 쾌감 경제학에 대한 기술 발전이 거기에서 도출되지도 않는다는 결론을 내리는 데 만족하여야 할 것 같다. 우리가 수백 킬로미터 떨어져 있는 자녀의 목소리를 듣고 싶을 때마다 들을 수 있다면, 친구가 길고도 험한 여정을 잘 마치고 무사히 도착했다는 소식을 그렇게 빨리 들을 수 있다면, 이것이 긍정적 쾌감획득이자 만족감의 확실한 증진이 아니냐고 이의를 제기할 것이다. 그리고 의학의 발달이 유아의 사망률과 임산부의 감염률을 현저히 낮추고 문화인의 평균수명을 수십 년이나 획기적으로 늘리는 것이 어떻게 아무 의미도 없다는 것이냐고 이의를 제기할 것이다. 과학과 기술의 발달을 아주 업신여기는 시대 덕분에 우리가 얻는 혜택은 아무리 많이 열거해도 충분치 않다. 그러나 비관적인 비판의 목소리도 만만치 않다. 그들이 경고하는 것은 이런 만족감의 대부분이 어떤 사람의 일화에서 유명하였던, 저 소위 말하는 "돈 안 드는 행복감"의 표본을 따라 만들어졌다는 것이 다. 추운 겨울 날 이불에서 다리를 뺐다가 다시 집어넣을 때 스스로 이런 행복감을 맛볼 수 있다.

멀리 있는 사람도 금방 볼 수 있는 철로가 없었다면 자녀가 아버 지의 집을 떠날 리도 없었고, 자녀의 목소리를 들을 전화도 필요 없 었을 것이다. 대양을 건너는 여객선이 없었다면 친구가 항해를 떠 나지도 않았을 것이고, 그에 대한 걱정을 달랠 전보도 필요 없었을 것이다. 유아사망률의 감소로 인해 우리가 출산을 극단적으로 회피 하게 한다면 그것 또한 무슨 의미가 있는가? 결국 전체적으로 볼 때 위생의 시대가 오기 전보다 키우는 자녀가 줄어들게 되었고, 더구나 부부간의 성생활은 전보다 더 어렵게 되었고 유익한 자연도태와는 역행하게 되었다. 우리의 인생이 기쁨이 적고 고통이 늘어나, 차라 리 죽음을 구원자로 더 반기는 형편이라면 평균수명이 늘어난 것 또 한 무슨 의미가 있다는 말인가?

우리가 오늘날의 문화에서 만족감을 느끼지 못하는 것은 확실해 보이지만, 그렇다고 과거 사람들이 더 큰 만족감을 느꼈는지, 만족 감을 어느 정도로 느꼈는지, 문화적 조건이 그에 어느 정도로 영향 을 미쳤는지는 판단하기가 아주 어렵다. 우리는 고통을 객관적으 로 파악하려는 경향이 있다. 다시 말하자면, 우리 자신의 관점과 우 리의 조건으로, 그 당시의 조건에 들어가 그들이 쾌감과 불쾌를 느낀 동기들을 어떻게 찾을 것인지를 검토하려는 경향이 있다. 객관적으로 보이는 이런 관찰은 일단 주관적 느낌의 다양성들을 배제하는 것처럼 보이기에 당연히 여러 가능성 중 가장 주관적인 것이다. 그 이유는 알려지지 않은 다른 모든 심혼의 작동방식 자리에 자신의 작동방식을 갖다 놓기 때문이다. 쾌감이란 알다시피 근본적으로 주관적인 것이다. 우리가 어떤 상황, 가령 고대 갤리선의 노예, 30년 전쟁 시대의 농민, 신성한 종교재판의 희생자, 대학살 앞에선 유대인이 처해 있는 상황들 앞에서 기겁을 하고 물러설 뿐, 마음의 변화를 모색하는 그런 사람들 마음에 감정이입하는 것은 불가능하다. 이들은 쾌감과 불쾌를 받아들이는 과정에서, 처음에는 상황을 파악하지 못하다가, 차츰 무감각해지고, 그다음 모든 기대를 접고, 더 거칠거나 더 세련된 방법으로 감각을 마비시킨다. 경우에 따라 극단적 고통에 직면할 경우, 특정한 정신적 보호 장치가 작동한다. 이 문제의 이런 측면에 대해서 계속 연구해 봐야 더 이상의 소득은 없을 것 같다.

우리는 이제 그 쾌감의 가치가 의문시된 문화의 본질을 연구하고자 한다. 우리는 문화의 본질에 대해서 우리가 연구한 결과를 보기 전에는 몇 마디 말로 정리하는 어떤 이론을 제시할 수 없다. 그렇기 때문에 우리는 "문화"라는 말이, 우리의 삶이 동물 상태에 있던 우리의 조상의 삶과 멀어지게 된, 그리고 자연의 위력에서 인간을 보호하고 인간 상호관계를 조정하는 업적과 도구들의 총량을 나타낸다는 것을 다시 한번 반복하는 것에 만족하고자 한다.[15] 더 많은 것을 알기 위해 우리는 인간 공동체에서 찾아볼 수 있는 문화의 다양한 현상을 찾아내 볼 것이다. 이때 우리는 언어 관습, 또는 언어 감정이라는 것을 고려하지 않고, 우리가 추상적인 말들로 이루어진 표현과는 모순되는 내적인 통찰과 합당하게 될 수 있다고 확신할 수 있다.

출발점은 쉽다. 땅을 경작하고, 자연의 위력으로부터 인간을 보호하는 등의 일을 함으로써 인간에게 쓸모 있는 모든 활동과 가치들을 문화적인 것으로 인정한다. 문화의 이런 측면에 대해서는 아무런 의심의 여지가 없다. 태초로 거슬러 올라가 보자면, 도구의 사용과 불의 이용, 주거지의 건축이 인간 최초의 문화적 행위였다. 이 가운데 불의 사용이 아주 특별하고도 전례가 없는 성취로 두드러지는데,[16] 다른 두 가지는 인간이 그전부터 줄곧 추구해 온 것이어서 그

---

15 「환영의 미래」(1927) 전집 14권을 보라.
16 아직 불완전하고 불분명한 정신분석의 자료는 인간이 달성한 이 위대한 행위의 기원에 대해 적어도 어떤 ―환상적으로 보일― 추측을 하게 한다. 원시인은 불을 보면 오줌 줄기로 불을 끄면서 불에 대한 유아적 쾌감을 만족시키는 습성이 있었을 것이라 상상해 볼 수 있다. 기존의 몇몇 전설에 따르면, 활활 타오르며 공중으로 혀를 내미는 불길이 남근의 상징으로 여겨진 것은 의심할 여지가 없다. 따라서 오줌으로 불을 끄는 것은 ―이것을 우리는 소인국을 찾아간 걸리버와 라블레(Rabelais)의 가르강튀아에서 찾아볼 수 있는데― 남자를 상대로 하는 일종의 성행위이고 동성애자들이 즐기는 내기에서 남성의 성적 능력에 대한 쾌감이다. 이 쾌감을 맨 먼저 포기하고 불을 살린 자는 불을 갖고 돌아와서 유용하게 쓸 수 있었다. 그가 자신의 성적 흥분이라는 불을 끔으로써 불이라는 자연력을 사용하게 된 것이다. 따라서 이 위대한 문화적 정복은 본능을 포기한 것에 대한 보상이었다. 한 걸음 더 나아가 집안의 화로에 가두어 둔 불을 지키는 일은 여자가 맡게 했다. 그 이유는 여자의 해부학적 구조는 불을 끄고 싶은 욕망을

것을 만들게 된 요인이 무엇인지는 쉽게 추론할 수 있다. 인간은 온 갖 도구들로 ―운동기관이든 감각기관이든― 자신의 신체기관을 완성하거나 아니면 그 기관의 기능 제한을 풀고자 한다. 원동기들 은 인간에게 거대한 힘을 쓰도록 해 주어 자신의 근육처럼 자기가 원하는 방향으로 움직이게 할 수 있다. 배와 비행기는 물이나 공기 의 방해를 뚫고 갈 수 있도록 한다. 인간은 안경으로 수정체의 결함 을 보정하고, 망원경으로 먼 곳도 볼 수 있고, 현미경으로 망막의 구 조가 정해 놓은 시력의 한계를 극복한다. 인간은 사진을 찍는 카메 라라는 도구를 만들어 덧없이 흘러가는 시각적 인상을 고정하였으 며 축음기 음반들을 만들어 마찬가지로 덧없이 흘러가는 청각적 인 상들을 고정하였다. 그리고 이 모두는 근본적으로 인간에게 주어진 회상과 기억의 능력을 물질화한 것이다. 전화에 힘입어 인간은 동 화의 이야기에 나와도 너무 멀다고 혀를 내두를 먼 거리에 있는 사 람의 목소리를 들을 수 있다. 글은 원래 부재자의 언어였고 집은 인 간이 안전함과 안락함을 느낄 수 있었던 최초의, 그리고 항상 있기 를 바라는 거처인 엄마의 자궁을 대신하는 대체물이었다.

인간이 처음에는 연약한 동물로서 등장하였고, 인류의 각 개인이 무기력한 젖먹이로 ―오, 자연의 지극히 작은 존재여!― 출발해야만

실현하려는 유혹을 따르지 못하게 했기 때문이다. 특기할 만한 것은 정신분석적 경험에 따르면 욕심, 불, 그리고 요도성애 사이의 연관 관계가 규칙적으로 성립된다는 점이다.

했던 그 지구에서 과학과 기술을 통해 창조한 모든 것은 동화처럼 보일 뿐 아니라, 모든 ―아니, 거의 대부분의― 동화 같은 소망을 직접적으로 실현한 것이다. 이 모든 점유를 인간은 문화적 획득이라고 주장할 권리가 있다. 인간은 오래전부터 전지함과 전능함에 대한 이상 세계를 그려 왔고 그것을 신이라는 형상으로 구현해 왔다. 그리고 인간은 그 신의 형상들에, 그의 꿈으로는 도달할 수 없는 것으로 보였던 ― 아니면 그에게 금지된 것이었던 모든 것을 구했다. 그러므로 우리는 이 신들이 바로 문화적 이상이라고 감히 말할 수 있다. 이제 인간은 이 이상에 가까이 도달하여 거의 신이 되었다. 물론 그것은 보편적 인간의 판단에 따라 이상들에 도달하는 방식으로서만 제한해서 그렇다는 뜻이다. 완전하지도 않고, 어떤 점에서는 전혀 도달하지 못했거나 다른 데에서는 그저 절반만 도달한 채로 말이다. 말하자면 인간은 인조 신이 된 것이다. 인간이 자신의 모든 보조 기관을 장착하면 정말 당당하다. 그러나 이런 보조 기관들은 인간과 함께 성장한 것이기에 가끔씩 손볼 것이 많다.

그는 다만 이 발전이 기원 후 1930년이라는[17] 그 시점에서 끝나지 않는다는 것으로 위로받을 권리가 있다. 미래에는 인간 문화의 영역에서 신과의 유사성을 더욱 고양시킬 새롭고도, 정말 상상할 수 없는 위대한 발전이 이루어질 것이다. 그러나 우리 연구를 위해서

17 역주: 프로이트가 이 글을 쓰고 있는 시기를 말한다.

는 현대인이 신의 위상을 가지고 있으면서도 행복감을 느끼지 못한다는 사실 또한 잊어서는 안 된다.

우리는 인간을 통해 땅이 경작되고, 자연의 위력으로부터 그가 보호받게 하는 것, 짧게 말하자면 그에게 유익한 모든 것이 잘 준비되어 있고 효율적으로 실행하는 나라를 우리가 찾는다면 이 나라는 높은 문화적 수준에 이른 것으로 인정한다. 이런 나라에서는 홍수가 많이 나는 강들의 수량이 조절되고, 그 물은 또한 관개시설을 통해 물길이 없는 곳으로 보내진다. 경작지는 잘 개발되어 적절한 작물을 심고 지하의 광물질들은 부지런히 캐내 와서 필요한 공구와 기구들로 가공된다. 교통수단들은 다양하고 빠르고 안전하다. 야생의 위험한 동물들은 멸종되었고 축산업이 번창하였다. 우리는 문화에 대해 더 많은 요구사항이 있는데 놀랍게도 위와 같은 나라들에서는 이 요구도 실현될 것이라 희망한다. 우리가 처음 제기한 요구를 부정이라도 하려는 듯이 사람들의 관심이 아무 곳에도 쓸모가 없는 차라리 무용한 것이라 할 수 있는 것을 볼 때도 우리는 그것을 문화적인 것으로 환영한다. 예를 들어 도시의 운동장들이나 녹지대에 필수불가결한 정원자리로서 화단이 배치되거나 집들의 창문에 화분들로 장식되어 있는 경우가 그렇다. 우리가 문화로부터 인정받기를 원하는 그런 쓸모없음이 바로 아름다움이라는 사실을 금방 알 수 있다. 우리는 문화인이 자연에서 만나는 아름다움을 존중하고, 그의 손이 작업할 수 있는 한, 대상들에서 그 아름다움을 창조하라고 요구한다. 우리가 문화에 요구하는 것이 이런 식으로 소진되려면 아직 차례가 멀었다. 우리는 아직 청결과 질서를 보기 원한다. 우리는 셰익스피어 작품에서 스트랫퍼드Stratford에 있는 자기 생가 앞에 거름 더미가 있었다는 이야기를 읽으면서 그 시대 영국 지방도시의 문화 수준이 높다고 생각하지 않는다. 빈 숲Wiener Wald으로 난 길들 위에 버린 휴지들이 널려 있다면 우리는 분개하며 그것을 야만적이라고 꾸짖을 텐데, 이 말은 '문화적인'의 반대말이다. 어떤 종류의 불결함도 우리에겐 문화와 양립할 수 없는 것으로 보인다. 심지어 우리는 청결함에 대한 요구를 인체에까지 확장하여 태양왕Roi Soleil[18]의 몸에서 악취가 풍겼다는 소문을 듣고 놀라고, 이솔라 벨라Isola Bella[19]에 가서 나폴레옹이 아침 세수에 사용한 작은 그릇을 보여 주면 고개를 내저을 것이다. 사실 우리는 누가 우리에게 비누 소비량을 문화의 기준으로 삼자고 해도 놀라지 않을 것이다. 청결만큼이나 오로지 인간의 업적과 관계되는 질서도 마찬가지다. 하지만 청결은 자연에서 찾을 수 없는 반면, 질서는 오히려 자연에서 찾아낸 것이다. 천체 운행의 위대한 규칙성에서 인간은 모범을 얻었을 뿐 아니라 자기 생활에 질서를 도입할 첫 단서를 찾았다. 질서는 일종의 반복충동으로서 한 번 만들어지면 언제 어디서 어떻게 행위가 이루어질지 결

---

18 역주: 프랑스의 왕 루이 14세를 지칭한다.
19 역주: 이탈리아 북부와 스위스 남부 사이에 있는 마조레 호수 안의 섬. 마렝고 전투가 시작되기 며칠 전에 나폴레옹이 방문한 장소이다.

정되기에 동일한 모든 사건에서 망설임과 흔들림은 생기지 않는다. 질서의 공덕은 부정할 수 없다. 오히려 그로 인해 그는 내면적 힘을 아끼면서 시간과 공간을 최대한 이용할 수 있다. 따라서 질서는 처음부터 자연스럽게 인간의 행위 속에 스며들었을 것이라고 생각했을지도 모른다. 그런데 이것은 사실 진실이 아니다. 오히려 인간은 일을 할 때 나태하고, 불규칙하고, 신뢰할 수 없는 본성적 경향을 타고났고, 차츰 어렵게 천체의 모범을 모방하는 교육을 받았다는 사실이 놀랄 만하다.

분명 아름다움과 청결과 질서는 문화의 요구 가운데에서 특별한 지위를 차지하고 있다. 아무도 이것들이 자연력의 지배나 우리가 앞으로 알게 될 다른 동기들만큼 삶에 결정적으로 중요하다고는 주장하지는 않을 것이다. 그러나 동시에 누구도 선뜻 그것들을 부수적인 것으로 제처 놓고 싶어 하지 않을 것이다. 문화가 단지 유용성에 따라서만 이루어져 있지 않다는 사실은 이미 앞에서 우리가 문화의 관심사에서 절대 빼놓고 싶어 하지 않는 아름다움에 관한 사례에서 살펴보았다. 그만큼 질서의 유용성은 아주 분명하다. 청결에 대해서 말하자면 그것이 위생 때문에 생겼다는 사실을 잊어서는 안 되며, 동시에 과학적 질병 예방 시대 이전에도 그 둘 사이의 관계가 인간에게 알려지지 않은 것은 아니었다는 것을 추측할 수 있다. 하지만 유용성으로 청결에 대한 노력을 완전히 설명할 수는 없다. 거기에는 다른 무엇인가가 작동하고 있음에 틀림없다.

고차원의 정신 활동, 즉 지성적, 학문적, 예술적 능력, 인간의 삶에 이념들을 만들어 주는 지도적 역할을 아끼고 가꾸어 나가는 것보다 더 문화의 모습을 잘 나타낼 수 있는 것은 없다. 이런 이념들 가운데 가장 중요한 것은 종교 체계로서 그것의 복잡한 구조를 나는 이미 다른 곳에서[20] 조명한 적이 있다. 그것들 다음으로 중요한 것은 철학적 사변들이고, 마지막의 것은 우리가 사람들의 이상 형성이라고 말할 수 있는 것으로, 개개인의, 민족의, 전 인류의 가능한 완전성에 대한 그들의 상상과 그 상상을 바탕으로 만들어진 요구들이다. 이런 창조물들이 서로 독립적으로 존재하지 않고 오히려 내적으로 실타래처럼 얽혀 있다는 점이 그것을 설명하고 그 심리적 계보를 밝혀내는 것을 어렵게 한다. 우리가 인간 행위의 모든 원동력이 이익과 쾌감이라는 서로 합류하게 될 두 가지 목표들에 대한 노력이라고 일반적으로 가정한다면 이것이 우리가 지금까지 상술한 문화적 현상들에도 적용될 것임에 틀림없다. 물론 이는 오직 학문적, 예술적 활동에서만 쉽게 찾아볼 수 있는 일이긴 하지만 말이다. 그럼에도 우리는 인간이 추구하는 다른 강한 욕구들, 아마도 소수들만이 즐기는 그런 욕구들에도 적용된다는 것을 의심해서는 안 된다. 우리는 또한 이런 종교적, 철학적 체계들이나 이념들에 대한 가치 판단에 현혹되어서는 안 된다. 우리가 그것들에서 인간 정신의 최고

---

20   역주: 「환영의 미래」라는 글을 가리킨다.

금자탑을 찾거나 아니면 미친 짓으로 비난하거나, 인정해야 할 것은 그것의 존재 자체가, 특히 그것이 지배적으로 존재하는 자체가 문화의 최고조라는 것이다.

문화의 마지막 성격, 하지만 다른 것보다 덜 중요하지 않은 성격을 높게 평가하는 일이 남아 있다. 그것은 바로 인간들의 상호 관계, 즉 사람을 이웃으로, 조력자로, 다른 사람의 성적 대상으로 가족과 국가의 구성원으로 보는 사회적 관계가 어떤 방식으로 규정되어 있는가 하는 것이다. 이 평가가 어려운 것은 어떤 특정한 이념적 요구에서 벗어나 오로지 문화가 무엇인가만 찾아내는 것이다. 그러므로 우리는 문화적 요소가 사회적 관계에 규칙을 만들려는 첫 시도에서 나왔다는 것을 설명하는 것부터 시작하고자 한다. 그런 시도가 없다면 사회적 관계는 개인의 자의에 따라 이루어질 것이다. 다시 말하면 힘이 강한 사람이 자기 멋대로, 자기 충동에 따라 그 관계를 결정할 것이다. 힘이 강한 사람이 자신보다 더 강한 사람을 만날 경우에도 그런 결정의 방식은 달라지지 않는다. 인간의 공동생활은 개인생활보다 더 강하고, 모든 개개인들의 저항을 무릅쓰고 결속을 이루는 다수가 모여야 가능하다. 개인의 힘이 "거친 폭력"으로 매도되는 데 반해 공동체의 힘은 "권리"로 옹호된다. 이렇게 개인의 힘이 공동체의 힘으로 대체되면 문화는 결정적인 첫걸음을 내딛게 된다. 문화는 공동체의 구성원들이 개인일 때와는 달리 만족의 가능성을 제한받아야 한다는 사실에 그 본질이 있다. 따라서 첫 번째 문화의 요구는, 말하자면 정의의 요구로서 만들어진 법질서는 특정한 개인에게 유리하도록 무너뜨려서는 안 된다는 보장이 있어야 한다. 그 법의 윤리적 가치는 여기서 고려되지 않는다. 문화 발전의 다음 노정은 이 법이 더 이상 작은 공동체의 —계급, 계층, 종족의— 의지의 표명이 안 되도록 하는 것이다. 이런 작은 공동체는 다른, 좀 더 큰 공동체에 비교하면 다시 폭력적 개인과 같은 위치가 되고 만다. 결론은 법의 지배이다. 그로 인해 모든 사람은 —최소한 공동체 구성원이 될 자격이 있는 사람은 (자신의 충동을 희생하고, 아무도) 물론 동등한 예외는 두면서— 거친 폭력의 희생이 되게 하지 않는다.

개인의 자유는 문화의 산물이 아니다. 오히려 개인의 자유는 문화가 생기기 전에 가장 많았다. 물론 그때는 개인이 자신의 자유를 지킬 처지가 아니었기 때문에 그 자유는 대부분 가치가 없었다. 문화의 발전과 더불어 개인의 자유는 제한받고, 정의는 어느 누구도 이 제한에 예외가 없을 것을 요구한다. 인간의 공동체에서 느끼는 자유의 충동은 현존하는 사회의 부정의에 대한 거부감일 수 있지만 문화의 지속적인 발전에는 유익할 수 있으며 문화와 잘 어울릴 수 있다. 그러나 그것은 원초적이고, 문화의 굴레에서 벗어난 본성에서 나온 것으로 그 자체는 문화 적대감의 토대가 될 수 있다. 그러므로 자유의 충동은 문화의 특정한 형식들이나 요구들 혹은 문화 전반에 대해 저항한다. 우리가 어떤 영향력을 행사한다 해도 인간의 본성을 흰개미의 본성으로 바꿀 수 있을 것 같지는 않다. 인간의 본성은 집단의 의지에 맞서 개인의 자유를 누릴 권리를 옹호할 것이다. 인류가 싸워 획득한 것의 상당 부분은 개인적인 요구들과 문화 집단의 요구들 사이의 합리적, 다시 말해 행복한 조정안을 찾아내는 과제에 모여 있다. 그러므로 이런 조정안이 문화의 특정한 형태를 통하여 이루어 낼 수 있는지 아니면 갈등만 노정할지 그들의 결정적인 문제 중의 하나이다.

우리가 인간의 삶에 있어서 어떤 모습들이 문화적이라고 말할 수 있는 것인지 범박하게 말하면서 문화의 전체상에 대한 명확한 인상을 받았다. 그러나 보편적으로 알려진 것 외에는 아무것도 찾지 못했다는 것도 사실이다. 이때 우리는 문화가 완성이라는 편견과 인간에게 예정된 완전을 향한 노정이라는 편견에 기울지 않도록 주의했다. 그러나 이제 우리를 아마 다른 방향으로 인도할 새로운 견해가 올 것이다. 문화 발달은 인류가 겪게 되는 독특한 과정으로서 그것 중 많은 것에 우리는 친숙함을 느낀다. 우리가 잘 알고 있는 인간적 욕동 기질로 그 과정이 만들어 내는 변화들을 통해 우리는 이 과정을 특징지을 수 있다. 사실 그 기질을 만족시키는 것은 우리 인생의 경제적 과업이기도 하다. 이런 충동 가운데 일부는 그런 방식으로 소진되어, 그 자리에 개인의 경우 성격특성이라고 말하는 어떤 것이 대신하게 된다. 이런 과정을 보여 주는 특이한 사례는 청소년들의 항문성애에서 찾아볼 수 있다. 배설 기능, 배설기관, 그리고 배설물에 대한 그들의 원초적 관심은 성장의 과정에서 우리가 검약,

질서 의식, 그리고 청결로 알고 있는 일련의 특성들로 변해 간다. 이 특성들은 그 자체로 가치 있고 환영할 만한 일이지만 눈에 띄는 강한 주도권으로 상승할 수 있어 항문기 성격이라고 부르는 상태를 만든다. 우리가 어떻게 이런 일이 일어나는지 모르지만, 이 견해의 타당성은 의심할 여지가 없다.[21] 우리는 이제 질서와 청결이 삶의 본질인지도 분명하게 밝히지 않았고, 더구나 쾌감의 원천으로 보기에 적합한지도 밝히지 않았지만, 그것들이 근원적인 문화의 요구라는 것을 알게 되었다. 이 시점에서 우리는 문화의 발달 과정과 개인의 리비도 발달 과정의 유사성을 시급히 논의하지 않을 수 없다. 다른 욕동들은 그것들의 만족의 조건을 다른 과정들로 전이하게 유도하는데, 이것들은 대부분의 경우 우리가 잘 알고 있는 (욕동 목표의) 승화 Sublimierung와 겹쳐지지만 다른 일부는 그것과 분리될 수도 있다. 욕동의 승화는 문화 발달의 가장 두드러진 특징이다. 이 승화는 좀 더고차원의 정신활동, 즉 학문적, 예술적, 이념적 활동이 문화 생활에서 의미 있는 역할을 할 수 있게 해 준다. 첫인상에 따라 판단한다면, 승화는 전적으로 문화로부터 강요당한 변화라고밖에 말할 수 없을 것이다. 그러나 이 점에 대해서는 좀 더 오래 성찰하는 편이 좋을 것이다. 드디어 세 번째 가장 중요한 이것은 절대 간과해서는 안 되

---

21 「성격과 항문 에로티시즘」, 1908(전집 7권)을 보라. 그리고 어니스트 존스 외 몇 명이 쓴 다른 여러 논문들을 보라.

는 것인데, 문화가 상당한 정도의 욕동 포기 위에 세워져 있다는 것과 거기에는 욕동의 불만족(억제, 억압 그리고 또 다른 무엇?)이 전제된다는 점이다. 이 "문화불만족"은 인간의 사회적 관계 대부분을 지배한다. 또한 이 불만족이 모든 문화가 싸우고자 하는 적개심의 원인으로 꼽히고 있다는 것을 우리는 이미 알고 있다. 이 문화불만족에 대해서 우리는 많은 학문적 연구를 통해 많은 과제를 제시할 것이고, 우리는 그에 대해 많은 답을 내야 할 것이다. 욕동에서 만족감을 어떻게 제거할 수 있는지 이해하는 것은 쉽지 않다. 그러나 그 일은 위험이 완전히 배제된 일도 아니다. 더구나 그것이 경제적으로 보상되지 않는다면 심각한 장애에 직면할 것이다. 그러나 개인의 정상적인 발달에 비해 특별한 과정이라는 문화의 발달에 대한 우리의 견해가 어떤 가치를 가질 수 있는가를 알고 싶으면, 우리는 분명 또 다른 문제에 도전해야 하고, 문화가 발달하기 시작한 것이 애초에 어떤 영향력 덕분인지, 문화의 발달은 어떻게 일어났고 그 발달 경로를 결정한 것은 무엇인지에 대해 의문을 제기해야 한다.

4장

이 과제는 너무 거대하게 보여서 기가 꺾일 수밖에 없음을 고백해야겠다. 내가 알아낼 수 있는 것은 그저 소수의 것뿐이다.

원시인이 지구상에서 노동을 통해 자신의 운명을 개척하는 것은 —문자 그대로 표현해서— 자신의 손에 달려 있다는 것을 알고 난 이후에 타인이 자신과 협력하느냐 자신을 적대시하느냐 하는 것은 무관심할 수 없는 문제였다. 타인은 함께 살아가야 하는 필요한 동료라는 가치를 부여받았을 것이다. 그전, 그러니까 그가 유인원처럼 살았던 시기에 가족을 형성하는 습속을 채택하였고, 그리고 그 가족은 아마 그를 도와준 첫 조력자들이었을 것이다. 가족의 정초는 추측건대 불쑥 찾아왔다가 떠나고 난 후 아무 소식도 없는 나그네 같지 않고, 개개인의 집에 사는 장기 투숙객같이 오래 머무르는 것인데, 이는 성적 욕구를 충족하는 것과 연관되어 있다. 이렇게 되자 수컷은 암컷 또는 좀 더 일반적으로 말하면 성적 대상을 자기 집에 붙잡아 둘 동기를 가지게 되었다. 다른 한편으로 암컷 또한 나약한 새끼들 곁은 떠나고 싶지 않았기에 자기 관심에 따라 더 힘센 수컷들 곁에 남을 수밖에 없었다.[22] 이 원시적 가족에서 우리는 또 하나의 문화의 본질적인 특성을 찾아내야 한다. 그것은 바로 족장과 아버지의 자의가 전혀 제한되어 있지 않았다는 점이다. 나는『토템

22 성적 행위의 유기적 주기성은 그 이후에도 유지된 것이 사실이지만, 그 주기성이 심리적 성욕에 미치는 영향은 오히려 반대로 바뀌었다. 이 변화는 생리현상이 남성의 심리에 영향을 미치는 수단이었던 후각이 쇠퇴한 것과 밀접한 관련이 있다. 그 역할은 안면 감각이 떠맡았고, 안면 감각은 간헐적 후각에 비해 영구적인 효과를 유지할 수 있었다. 월경에 대한 터부는 극복된 발달단계를 방어하기 위한 "유기체 억압"에서 나온 것이다. 그 밖의 다른 동기들은 모두 이차적인 성격을 갖고 있는 것이다. [『이마고(Imago)』 제13권(1927)에 실린 C.D. 달리의 「힌두 신화와 거세 콤플렉스」를 참조할 것.] 새롭게 등장한 문화 단계에서 신들이 자연마(自然魔)로 변하는 것도 이런 과정이 반복하는 것으로 볼 수 있다. 후각이 쇠퇴한 것은 인간이 땅에서 몸을 세운 것, 즉 직립보행의 결과로 보인다. 그러자 지금까지 감추어져 있던 생식기가 보이게 되고 보호할 필요가 생겼으며, 동시에 수치심을 불러일으켰다. 그러니까 숙명적인 문화 과정의 초기에는 직립보행이 있었을 것이다. 이 지점부터 연쇄적인 반응이 일어나는데, 후각의 의미 축소, 월경의 격리에서 안면 감각의 비중 확대, 생식기의 노출, 성적 흥분의 지속, 가족의 구성, 그래서 종국적으로 인간 문화의 입구까지 이른 것이다. 이것은 이론적 사변에 불과하지만 아주 중요한 문제이기 때문에 인간과 유사한 동물의 생활 조건에 비추어 검증할 필요가 있다.
위생상의 이유로 사후에 정당화된 것임에도 이미 이런 견해 이전에 표현되고 있는 청결에 대한 문화 생활에서도 사회적 동기가 있음을 부정할 수 없다. 청결에 대한 동기는 감각의 지각에 불쾌함을 안겨 주는 배설물들을 제거하려는 충동에 의해 생겨났다. 우리는 이것이 유아에게는 다르다는 것을 알고 있다. 유아에게 배설물은 더러운 것이 아니라 자기 신체의 일부가 떨어져 나간 것으로, 즉 귀중한 것으로 보인다. 교육은 여기서 특별히 활발하게 다가오는 발달 단계를 촉진하는데 그것은 바로 배설물들이 귀중하지 않고, 구역질나며 혐오스러운 것이라고 교육하는 것이다. 인간의 직립보행 이후에도 여전히 땅에서 나는 이 후각과 관계되는 상황을 그 엄청난 냄새 때문에 근본적으로 거부하지 않았다면 이 가치 전복은 일어나지 않았을 것이다. 그래서 항문성애는 무엇보다도 문화의 길을 열어 준 "유기체 억압"에 종속된 것이다. 항문성애의 변전에 영향을 미친 사회적 요인이 있다는 것은 모든 발달 과정을 거친 사람이라도 자기 자신의 배설물 냄새에는 거의 구역질을 내지 않고 다른 사람의 배설물에만 구역질을 낸다는 사실에서 찾아볼 수 있다. 불결한 사람, 즉 자신의 배설물을 숨기지 않는 사람은 다른 사람을 모욕하고 배려하지 않는 것이고, 가장 강렬한, 일상적인 욕들이 그것을 대변해 주고 있다. 사람이 동물 세계에서 가장 충실한 친구의 이름을 욕으로 사용한다는 것은 이해할 수 없는 일이다. 그런데 그것은 바로 개가 두 가지 특징, 즉 개가 후각이 특히 발달하였는데도 배설물을 전혀 혐오하지 않는다는 것, 그리고 교미를 전혀 부끄러워하지 않는다는 것 때문에 일어난 일이다.

과 터부』에서 이 가족이 공동생활의 다음 단계인 형제 연합으로 이어지는 과정을 설명하려고 했다. 아버지를 제압하는 과정에서 아들들은 연합을 하면 개인보다 더 강할 수 있다는 것을 경험했다. 토템 문화는 이 새로운 상태를 유지하기 위해 아들들이 서로에게 부과하였던 여러 가지 제한점들을 토대로 하고 있다. 터부 법령은 최초의 "법Recht"이었다. 그러므로 인류의 공동생활은 두 가지 토대, 즉 외적 결핍이 만들어 낸 노동에 대한 강요와 남자의 측면에서는 여성에게 있는 성적 대상, 여자의 측면에서는 그 여자에게서 나온 일부인 아이를 배제할 수 없었던 사랑의 힘을 갖고 있었다. 에로스(사랑)와 아난케(운명)는 인간의 문화를 낳은 부모인 셈이다. 첫 번째 문화적 성과는 이제 많은 수의 사람들이 공동체에 함께 살 수 있게 되었다는 것이다. 이 막강한 두 힘이 함께 작용하고 있었기 때문에 다음 발달단계는 더 순조롭게 진행되고, 외부세계를 더 잘 통제하고 공동체에 속한 사람의 수를 더욱 늘리는 방향으로 진행되리라고 예상해도 좋을 것이다. 그리고 이 문화가 구성원들을 지금까지의 것과는 다른 행복을 가져다줄 수 있는지 이해하기란 쉽지 않다.

장애가 어디서 올 수 있는가를 연구하기 전에 문화의 토대로서의 사랑을 인정함으로써 주제를 바꾸어 보자. 이것이 아마도 앞의 서술에서 남겨 둔 공백을 메울 수 있을 것이다. 우리는 앞에서 이렇게 말했다. 성적 (성관계의) 사랑이 인간에게 최상의 만족감을 준 경험이 그에게 실제로 모든 쾌감 충족의 전형을 제공하자, 삶에서 쾌감 충족을 계속 성적 관계에서 추구하게 하였고, 성관계를 삶의 구심점으로 삼는 계기가 되었음이 분명하다. 그리고 우리는 계속해서 이렇게 말하였다. 이런 식으로 인간은 불확실하게나마 외부세계의 극히 일부, 말하자면 자신이 선택한 사랑의 대상에 의존적이 되었고, 그 사랑의 대상으로부터 무시를 당하거나 배신이나 죽음으로 인하여 그 대상을 잃어버리면 치명적인 고통에 내몰리게 되었다. 그 때문에 모든 시대의 현자들은 이런 삶의 길을 택하지 말라고 강력하게 경고했다. 그럼에도 불구하고 이런 삶의 길은 여전히 대다수의 인간의 자식들에게 그 매력을 잃지 않았다.

소수의 사람만이 그들의 기질로 인해 사랑의 노정에서 행복을 찾는 것이 가능하다. 이 과정에서 그들의 사랑이 기능하기 위해서는 많은 정신적 변화가 필수불가결하다. 이런 사람들은 사랑을 받는다는 주된 가치를 자신이 사랑하는 데로 전이하여 사랑의 대상이 취하는 태도와는 무관하게 변한다. 이들은 자신들의 사랑을 개개 대상들에게 향하게 하는 것보다 모든 사람들에게 같은 정도로 향하게 함으로써 그들의 상실감으로부터 자신을 보호한다. 그리고 그들은 성관계라는 목표에서 눈을 떼어 목표 억제적 감정으로 욕동을 변화시켜 성관계의 사랑에서 오는 부침과 실망을 피한다. 그들이 이런 식으로 성취하는 사랑의 모습은 균형감이 유지된, 혼란이 없는, 매력적인 감정의 상태로서, 이런 상태를 유발하게 한 거친, 성적 흥분과는 외모에 있어서 전혀 닮지 않았다. 아시시의 성 프란체스코는 내면의 행복감을 위한 이런 식의 사랑을 실천한 사람이었을 것이다. 우리가 쾌감원칙을 수행하는 여러 기술들 중의 하나로 인정한 이 사랑의 기술은 여러 면에서 종교와 관련되는 경우가 많다. 우리와 멀리 떨어진 지역의 종교들도 이와 비슷한 관계를 갖고 있는데, 거기에서도 자아와 대상의 구별이나 대상들 사이의 구별이 무시되곤 한다. 우리가 앞으로 그 동기에 대해 밝히게 될 어떤 윤리적 견해에 따르면, 인류와 세상에 대한 이 의지는 인간이 승화해서 이를 수 있는 최고의 태도가 될 것이다. 우리는 이미 여기서 제기되는 두 가지 비판적인 생각을 숨기고 싶지 않다. 첫째, 선택하지 않는 사랑은 그 사랑의 고유한 가치의 일부를 희생하는 것이다. 그것은 그 사랑이 대상에 부당함을 행사하는 것이기 때문이다. 더구나 모든 인간이 사랑받을 가치가 있는 것은 아니다.

가족을 만든 저 사랑이라는 것은 원래의 모습으로 남아 있되, 하나는 직접적인 성적 만족을 포기하지 않은 것으로, 다른 하나는 목표 억제적 애정이라는 수정된 형태로 문화에서 계속 작용하고 있다. 사랑은 이런 두 가지 형태에 있어서 수많은 사람을 묶어 주되, 이는 노동 공동체의 이해관계가 이룬 것보다 더 강한 방식으로 묶어 주는 기능을 지속한다.

"사랑"이라는 말을 사용할 때 생기는 언어적 불명료함은 계통 발생적으로 어떤 정당성을 갖고 있다. 우리는 사랑이라는 말을 성관계를 토대로 가족을 이룬 남자와 여자 사이의 관계에 대해 사용한다. 나아가 부모와 자녀들 사이의, 가족 내에서 형제자매 사이의 따뜻한 감정들을 가리켜서 사용하기로 한다. 비록 우리가 이 관계를 억제적인 사랑이나 애정이라고 불러야 함에도 불구하고 말이다. 목표 억제적인 사랑도 원래는 완전히 감각적인 사랑이었고 그것은 인간의 무의식 속에서 여전히 감각적인 사랑이다. 완전히 감각적인 사랑과 목표 억제적인 사랑은 가족 밖으로 확대되어 지금까지 낯선 사이였던 사람들과 새로운 유대를 창출한다. 성관계로 이루어진 사랑은 새로운 가족의 형성으로 이어지지만 목표 억제적인 사랑은 "우정"으로 연결되는데, 이는 문화적으로 매우 중요하다. 그 이유는 이런 사랑이 성관계를 통한 사랑의 제한점들, 예를 들면 성적 관계의 배타성을 피할 수 있기 때문이다. 그러나 문화와 사랑의 관계는 문화 발달 과정에서 그 분명함을 상실한다. 한편으로는 사랑이 문화의 이해관계와 대립하게 되고, 다른 한편으로는 문화가 민감한 제약 조건들을 제시함으로써 사랑을 위협한다.

사랑과 문화의 이런 균열은 피할 수 없는 것처럼 보이는데, 그 이유를 빨리 알아차릴 수 없다. 이 균열은 무엇보다 가족과 개인이 속해 있는 집단과 그보다 더 큰 공동체 사이의 갈등으로 나타난다. 우리는 사람들을 더 큰 단위로 뭉쳐 나가려는 것이 문화의 주된 과제라는 것을 이미 말했다. 그러나 가족은 개인을 그 공동체에 내어 주려 하지 않는다. 가족 구성원들이 내적으로 더 깊이 결부되어 있을수록 외부 세계에서 그들을 고립시키는 경향이 더 많이 나타나고,

그들이 더 넓은 집단에 들어가는 것은 더욱 어려워진다. 계통 발생적으로 더 오래전에 생겨났고, 어린 시절에만 존재하는 공동생활 방식인 가족은 절대로 나중에 획득한 문화적 생활방식에 자리를 빼앗기려 하지 않는다. 가족으로부터 이탈하는 것은 모든 젊은이가 직면하게 되는 문제이고, 사회는 성인식과 입사 의식을 통해 그렇게 분리될 수 있도록 도와준다. 그런데 우리는 이것이 근본적으로는 유기적 발달이라고 할 수 있는, 모든 심리적 발달에 그림자처럼 따라다니는 어려움들이 아닌가 하는 인상을 받는다.

게다가 여자들도 곧장 문화의 물결에 대항하는 태도를 취하고, 그 발달을 지연시키고 억제하는 영향력을 발휘한다. 사실 처음에는 사랑을 요구함으로써 문화의 초석을 쌓았던 바로 그 여자들이 아니었던가. 이제 여자들은 가족과 성생활의 이해관계를 지키려 하고, 문화 작업은 남자들의 것이 되어 버린다. 이것은 남자들에게 점점 더 어려운 과제를 부여하고, 여자는 이들에게 감당할 수 없는 욕동의 승화를 강하게 요구한다. 남자는 무제한적인 심리적 에너지의 양을 쓸 수 있는 것은 아니기 때문에 그는 리비도의 합목적적 분배를 통해 자신의 과업을 수행해야 한다. 남자가 문화적 목적에 소비하는 것은 대부분 여자들과 성생활에서 빼낸 것이다. 게다가 남자가 무리들과 지속적으로 함께하고 그들과의 관계에 매여 있는 것은 남편과 아버지로서의 자신의 과제를 낯설게 만들기도 한다. 그래서 여자는 문화의 요구들로 인해 자신이 배경으로 밀려나는 것을 목격하게 되고 그 때문에 문화에 대해 적대감을 갖게 된다.

문화의 측면에서 성생활을 제한하려는 경향은 문화 영역을 확대하는 다른 것 못지않게 분명하다. 문화의 첫 단계, 즉 토테미즘의 단계에서 이미 근친의 성적 대상 선택은 금지되었는데, 이것은 역사 전개과정에서 인간의 성생활이 경험한 것 중 가장 결정적인 손실일 것이다. 금기, 법, 그리고 관습으로 다른 제약들이 만들어졌는데, 이것은 남자뿐 아니라 여자에게도 적용되었다. 이 점에 있어서는 모든 문화가 같은 정도로 발전하지 않았다. 사회의 경제 구조도 나머지 성적 자유의 정도에 영향을 미친다. 우리는 이미 문화가 이 점에 있어서 경제적 필연성을 따른다는 것을 알고 있다. 이유는 문화가 스스로 소비하는 많은 심리적 에너지를 성욕에서 회복해야 하기 때문이다. 이 점에서 문화가 성욕을 대하는 태도는 어떤 종족이 다른 종족을, 또는 어떤 계층이 다른 계층을 착취하는 태도와 마찬가지다. 피지배자들이 반란을 일으킬지도 모른다는 두려움 때문에 문화는 엄격한 예방책을 작동시킨다. 서유럽 문화는 그런 발달의 정점을 찍었다. 서유럽 문화가 아동의 성욕 발현을 금기시하는 것은 심리학적으로 보면 지극히 정당한 것이다. 그 이유는 성인의 성욕을 제한하는 것은 유년시절에 작업이 되지 않으면 불가능하기 때문이다. 다만 유럽의 문화 사회가 이 쉽고도 쉬운, 더구나 눈에 띄는 현상들을 심지어 부정하는 것은 정당화할 수 없는 일이다. 나아가 성적으로 성숙한 개인의 성적 대상 선택은 오로지 이성을 향해서만 정당하고 그 이외의 다른 성기 외적인 만족은 성도착으로 금지되어 있는 것도 사실이다. 여기 이런 금지에 포함되어 있는 요구는 모든 사람이 한 가지 방식으로만 성생활을 하여야 한다는 생각인데, 인간들의 선천적·후천적 성적 기질에 드러난 차이점들을 무시한 것으로서 그들 중의 상당한 사람들이 성적 쾌감을 얻지 못하도록 봉쇄하고, 그렇게 됨으로써 상당한 부당함의 원천이 된다. 이런 제약 조건의 결과 정상적인 사람들, 즉 기질상 어떤 성적 장애가 없는 사람들에게는 모든 성적인 관심을 이 공공연한 통로에다 거리낌 없이 쏟아붓는 결과를 만들어 낼지도 모른다. 그러나 경멸로부터 자유로운 이성 간의 성적 사랑도 합법성과 일부일처제라는 제약으로 제한되어 있다. 오늘날의 문화는 단지 한 번만의, 해지할 수 없는, 한 남자와 한 여자의 결혼을 근거로 이성 간의 성적 관계만 허용하며, 성을 독자적인 쾌감의 원천으로 인정하지 않으려 하고, 인간의 번식을 위해서 지금까지 대체할 수 없는 원천으로서만 용인한다는 자세를 보이고 있다.

이것은 물론 극단적인 경우이다. 우리는 누구나 설령 그것이 짧은 시간일지라도 실행할 수 없는 것으로 알고 있다. 단지 심약한 사람만이 성적인 자유에 대한 이런 광범위한 침범에 순응했고, 좀 더 강한 천분을 가진 자들은 보상의 조건하에서만 순응했을 뿐인데, 이것은 조금 뒤에 가서 다루기로 한다. 문화 사회는 그들이 만든 법령에 따르면 처벌했어야 할 수많은 탈선행위를 암묵적으로 허용하는 것이 어쩔 수 없는 일이라고 보았다. 그러나 우리는 다른 쪽으로 잘못 가서는 안 되며, 그런 문화적 태도가 아무런 해악이 없다고 여겨서는 안 된다. 문화인의 성생활은 상당히 훼손되어 있다. 그리고 그것은 동시에 우리의 악관절과 우리의 모발이 기관으로서 퇴화하듯이 기능의 퇴화 과정을 밟고 있다는 인상을 준다. 우리는 성생활의 의미가 쾌감의 원천이라는 측면에서, 말하자면 우리의 삶의 목적의 충족이라는 측면에서 상당한 정도로 줄어들었다고 생각해도 무방할 것이다.[23] 우리는 그것이 단순히 문화의 압박만이 아니라, 성기능 본질에 있는 어떤 것이 우리를 완전하게 만족하지 못하게 하고 다른 길로 몰고 가는 것이 아닌가 하는 생각이 들게 할 때도 있다. 이 생각은 잘못된 것인 것 같기는 하나 그것을 판단하기는 어렵다.[24]

---

23 오늘날 널리 사랑받고 있는. 명민한 영국 작가 존 골즈워디의 작품 가운데 내가 일찍부터 좋아한 「사과나무」라는 제목의 단편이 하나 있다. 이 소설은 오늘날 문화인의 삶에서 두 인간의 단순하고 자연스러운 사랑이 개입할 여지가 더 이상 없다는 것을 냉혹하게 묘사한다.

24 위에서 말한 추론을 뒷받침하고자 나는 다음과 같은 고찰을 하고자 한다. 인간은 말할 것도 없이 양성(兩性) 기질을 가진 동물인데. 개인은 대칭적인 두 절반의 연합체인데, 이에 대해 일부 연구자들은 절반은 순수한 남성이고 다른 절반은 여성이라고 본다. 그로 인하여 각 절반은 원래 상반된 두 가지 성질을 아울러 갖고 있었을 가능성이 있다. 성은 육체적 삶에서 (원주: 원문에는 Seelenleben, 즉 심혼적 삶이라 되어 있고 경우에 따라서는 정신적 삶이라 번역하지만 여기서는 육체적 삶이라 번역하는 것이 옳다) 특별한 의미를 띠기는 하지만 심리적으로 파악하기 어려운 생물학적 실체이다. 우리는 모든 인간이 남성적이고 동시에 여성적인 충동, 욕구, 성격들을 가지고 있다고 말하곤 한다. 그러나 남성적인 것과 여성적인 것의 성격을 해부학은 구별할 수 있지만 심리학은 구별할 수 없다. 심리학에서는 성적인 차이가 수동성과 능동성의 대비로 희미해진다. 우리는 물론 여기서 아무 비판 없이 능동성을 남성성으로 수동성을 여성성과 같은 것으로 보는데 이것은 동물계에서는 예외 없이 확증된 문제가 결코 아니다. 양성성에 관한 학설은 아직 미미한 단계에 있고, 특히 이것이 욕동이론과의 연결고리를 아직까지 찾지 못했다는 것이 정신분석에서는 상당한 장애로 여겨지고 있다. 그것이 어찌 되든 간에, 개체가 자신의 성

생활에서 남성적인 소원과 여성적인 소원들을 모두 충족시키려 한다고 가정한다면, 우리는 이 두 가지 요구들이 같은 대상에서는 충족되지 않는다는 것과, 두 가지 요구를 서로 분리하여 각각의 욕동을 하나의 특정한, 그 욕동에 적합한 노정으로 이끌어 가지 못하는 한, 그 둘은 서로 방해가 될 가능성도 있다는 점을 유의해야 한다. 그리고 또 다른 어려움은 성관계에는 성관계 자체가 지닌 고유한 가학적 요소들 이외에 직접적 공격성의 성향이 개입하는 경우가 많다는 사실이다. 어떤 농부의 아낙네가 자기 남편이 일주일째 자신을 구타하지 않는 것을 보니 더 이상 사랑하지 않나보다고 한탄했다는 이야기에서처럼, 사랑의 대상은 이런 사랑과 가학의 복잡한 관계에 대해 늘 이해와 관용을 보여 주지는 않을 것이다.

그러니까 가장 깊은 곳에서, 인간이 직립보행을 택하고 후각을 평가절하하면서 항문성애뿐만이 아니라 인간의 성생활 전체가 유기체적 억압의 희생물이 될 위기에 처했고, 그런 나머지 그 성기능이 더 이상 설명할 수 없는 거부감을 동반하고, 이 때문에 성기능은 완전한 충족을 방해받고, 성적 목적은 억압되어 승화나 리비도 전이가 되어 버린다는 각주 22)의 논의와 관계 있는 추측이 가능하다. 나는 블로일러(『정신분석학적, 정신 병리학적 연구 보고』 제5권, 1913에 실린 "성적 혐오"를 참조하라)가 언젠가 성생활에 대한 이런 원초적 혐오감의 존재에 대해 언급한 적이 있다는 것을 알고 있다. 모든 신경증자와 신경증이 없는 많은 이가 "오줌과 똥 사이에서 태어났다(inter urinas et faeces nascimur)"는 사실을 역겨워한다. 성기도 역시 강한 냄새를 생성해 내는데, 이 냄새를 많은 사람은 참을 수 없어 하고 그로 인해 자신의 성관계를 고통스러워한다. 이렇게 하여 과거 동물적 삶을 벗어나 직립보행을 하며 얻은 새로운 생활 방식을 유지하려는 유기적 방어가 문화와 함께 발달한 성적 억압의 깊은 뿌리가 되었음을 짐작할 수 있다. 이 과학적 탐구의 결과는 이상하게도 일상적 선입견과 놀랄 만큼 일치한다. 그러나 이것은 아직 불확실한, 학문으로 입증되지 않은 가능성에 불과하다. 후각의 평가절하는 부인할 수 없는 사실임에도 불구하고, 우리는 유럽 내에서조차 그토록 강하고 역겨운 성기 냄새를 성적 흥분제로 중요하게 여기고 그것을 포기하지 않으려는 종족이 있다는 사실 또한 잊어서는 안 된다.(프리드리히 S. 크라우스가 편찬한 『안트로포피테이아』에는 이반 블로흐의 "설문"에서 얻은 「성생활에서의 후각에 관하여」라는 민속학적 조사를 보라.)

5장

우리는 정신분석 작업을 통해 소위 말하는 신경증자들이 바로 이 성생활의 억압들을 견딜 수 없다는 것을 배웠다. 신경증자들은 그들이 보이는 증상 속에서 대리만족을 찾지만, 이런 증상들은 그 자체로 그들에게 고통을 주거나 아니면 그들이 주위 환경과 사회와 어려운 관계를 만들게 해 고통의 원인이 되게 한다. 후자는 쉽게 이해할 수 있지만, 전자는 궁금증을 새롭게 제기한다. 그러나 문화는 성적 만족에 대한 희생 이외에 다른 희생을 요구하고 있다.

우리는 옛 자세를 버리고 새로운 자세를 취하기를 거부하는 리비도의 타성 때문이라고 보면서 문화 발달의 난제를 보편적인 발달의 난제로 보았다. 우리가 성적 사랑은 제삼자가 불필요하거나 방해가 되는, 두 사람 사이의 관계인 데 반해, 문화는 수많은 사람의 관계라는 점을 들어 성과 문화 사이의 차이를 말한다면 이와 같은 맥락에서 말하는 것이다. 애정 관계가 절정에 이르면 주변에 관심을 기울일 여지가 전혀 남지 않는다. 사랑하는 두 사람은 그 자신들만으로 충분하고, 두 사람 사이에 태어나는 아이조차도 그들의 행복에 필요한 존재는 아니다. 어떤 경우에도 에로스가 자기 본질의 핵심, 즉 여

럿으로부터 하나를 만들려는 의도를 이렇게 분명히 드러내는 경우
는 없다. 그러나 에로스가 두 사람이 서로를 향한 사랑 속에서 마치
속담처럼 되어 버린 이것을 달성하고 난 이후에는 그것을 넘어 더
나가지 않으려 한다.

　우리는 지금까지 문화공동체가 그런 이중 개인으로 구성되어 있
다고 추론해 보았다. 이런 이중 개인은 내면적으로는 리비도적으로
충족되고, 노동과 관심 공동체의 연대를 통해 서로 연결되어 있다.
이것이 사실이라면 문화는 성에서 그 에너지를 빨아들일 필요가 없
다. 그러나 이런 이상적 상태는 존재하지 않고 지금까지 존재하지
도 않았다. 현실은 문화가 자신에게 지금까지 기여한 결속관계로
만족하지 않는다는 것을 우리에게 보여 준다. 문화는 공동체의 구
성원들을 리비도적으로 결속시키려 하고, 이것을 위해 모든 수단을
동원하며, 강력한 정체성들을 확립하기 위하여 모든 방법을 지지하
고, 우정관계를 통한 공동체의 유대강화를 위해 목표 억제적인 리비
도를 최대한 제공한다. 이런 의도들을 성취하기 위해 성생활의 억
제는 피할 수 없는 일이 된다. 그러나 우리는 무엇이 문화를 이런 길
로 들어서게 만들고 성에 대한 적대감을 만드는지 알아야 할 필요가
있다. 여기에는 필시 우리가 아직 발견하지 못한 장애 요인이 있을
게 분명하다.

　문화 사회의 소위 말하는 이상적 요구들 중의 하나가 여기에 대
한 단서가 될지도 모른다. 그것은 바로 '네 이웃을 네 몸과 같이 사

랑하라'는 말일 것이다. 이 요구는 분명 온 세상이 다 아는 것으로, 가장 자랑스러운 가르침이라고 내세우는 기독교 문화보다도 더 오래된 요구임에 틀림없다. 그럼에도 그것이 아주 오래된 요구는 아니라는 것도 확실하다. 역사 시대에도 이 요구는 인간들에게 아직 낯선 것이었다. 이 요구를 우리가 처음 듣는 것처럼 나이브한 자세를 취해 보자. 그 순간 우리는 놀라움과 당혹감을 억누를 수 없을 것이다. 우리가 왜 나의 이웃을 나의 몸과 같이 사랑해야 하는가? 그게 우리한테 무슨 도움이 되는가? 그 어떤 것보다도, 도대체 어떻게 그 요구를 실천할 것인가? 그것이 우리에게 어떻게 가능하겠는가? 나의 사랑은 아무 생각 없이 던져 버릴 수 없는 중요한 어떤 것이다. 나의 사랑은 기꺼이 희생할 각오가 되어 있어야 하는 의무를 부과한다. 내가 다른 누군가를 사랑한다면 그 사람은 어떤 방식이든 그럴 만한 자격이 있어야 한다. (그가 나한테 가져올 이익이 있다거나 성적 대상으로서 나에게 어떤 의미를 가질 수 있다는 것은 배제하겠다. 이 두 가지 방식의 관계는 이웃 사랑의 계명이 고려하지 않기 때문이다.) 중요한 일에 있어서 그가 나와 비슷하기에 그가 나를 사랑할 수 있다면 그는 사랑을 받을 자격이 있다. 그 사람이 나보다 훨씬 더 완벽하기에 내가 내 인격의 이상을 그 사람 안에서 사랑할 수 있다면 그는 내 사랑을 받을 자격이 있다. 그 사람이 내 친구의 아들이라도 나는 그를 사랑해야 한다. 아들이 고난을 당하면 내 친구가 느끼는 고통이 곧 나의 고통이 되기도 하기 때문이다. 나는 그 고통을 나누어야 할 것이다. 그러나 그 사람이 내게 낯선 사람이고, 내 감정생활에 대해 자신의 가치나, 이미 획득한 다른 의미로 매력을 끌지 못한다면 내가 그를 사랑하기는 어려울 것이다. 오히려 그렇게 하면 부당한 일을 하는 것이다. 이유는 나의 사랑은 나의 그 모든 것으로부터 특별한 것으로 소중히 여겨질 경우에만 가능하기 때문이다. 나아가 내가 알지도 못하는 것들을 나의 것들과 동등하게 여긴다면 그 또한 부당하다. 그러나 내가 그 사람을 곤충, 지렁이, 뱀과 마찬가지로 그가 이 지구상에 존재한다는 이유만으로, 소위 저 세계 사람으로 사랑해야 한다면, 내 사랑 가운데 그에게 돌아가는 것은 근소한 것뿐이지 않을까 두렵다. 이성에 따라 판단해 볼 때 그 사람에게서 내게 돌아올 것은 없을 것이다. 이성적으로 추천할 수도 없는 그런 행동은 무슨 제사의 언어처럼 화려한 계명을 도대체 어디에 쓰라는 말인가?

좀 더 자세히 들여다보면 여기에는 더 많은 난제가 도사리고 있다. 이 낯선 사람은 일반적으로 내 사랑을 받을 가치가 없을 뿐 아니라, 솔직하게 고백하자면 내 적개심과 증오까지도 받아 마땅하다. 그는 나에 대한 최소한의 사랑도 갖고 있지 않은 듯하고, 나에게 최소한의 배려도 하지 않는다. 자기한테 이득이다 싶으면 그는 망설이지 않고 나를 해칠 것이다. 그가 얻는 이득의 정도가 나에게 끼치는 손해의 크기와 같은지는 아예 이야기할 필요도 없다. 물론이다. 그는 심지어 어떤 이득을 노릴 필요도 없다. 그가 그저 자신의 쾌감만 만족시킬 수 있다면, 그 사람은 나를 조롱하고 모욕하고 중상하고 자신의 우월한 힘을 과시하는 것을 아무렇지도 않게 생각한다. 그가 이 일을 마음대로 할 수 있으면 할 수 있다고 느낄수록, 그와 더불어 내가 더욱 무기력해질수록, 그가 나에게 이러한 태도를 취할 가능성은 더욱 확실해진다. 그가 다르게 행동하면, 다시 말해서 낯선 사람인 나를 배려해 주고 너그럽게 대하면, 그 계명이 없더라도 같은 방식으로 그를 대할 것이다. 그렇다. 저 위대한 계명이 네 이웃이 너를 사랑하듯 너도 네 이웃을 사랑하라는 것이었다면, 나도 거기에 이의를 제기하지는 않을 것이다. 그런데 이보다 더 이해하기 어렵고 머리끝이 곤두서게 하는 두 번째 명령이 있다. 그것은 바로 원수를 사랑하라는 계명이다. 제대로 생각해 보면 이것은 더욱더 황당한 것이라서 거부하지 않는 것이 부당하다. 왜냐하면 두 가지 다 근본적으로 같은 것이기 때문이다.[25]

이제 나에게 기억하라는 위엄 있는 음성이 들리는 것 같다. 그것은 바로 그 이웃이 사랑받을 가치가 없고 오히려 원수이기에 나는

---

25 위대한 작가라면 엄격하게 금기시한 심리적 진실들을 적어도 문학에서 익살스럽게 표현할 수 있을 것이다. 가령 하인리히 하이네는 이렇게 고백한다. "나는 아주 안온한 심정이다. 내 소망들이란 집이라면 이엉이 덮인 초라한 오두막이라도 좋고, 좋은 침대와 맛있는 음식이 있고, 신선한 우유와 버터를 먹을 수 있고, 창가에는 꽃이 피고, 현관 앞에는 아름다운 나무가 몇 그루 서 있으면 하는 것이다. 그리고 하느님이 나를 아주 만족스럽게 살게 하고자 한다면, 예닐곱 명쯤 되는 내 적들이 그 나무에 매달리게 하여 그것을 보는 즐거움을 나에게 주면 좋겠다. 그들이 죽기 전에 나는 자비로운 마음을 작동해, 그들이 내 일생 동안 내게 저지른 잘못을 모두 용서할 것이다. 사람은 자기 원수를 용서해야 한다. 하지만 그들이 교수형을 당하기 전에 그 일을 해서는 안 된다."(하이네, 『생각과 경구』)

그를 내 몸같이 사랑해야 한다는 것이다. 그러므로 이제야 나는 그 것이 불합리하기 때문에 믿는다*Credo quia absurdum*와 비슷한 경우라는 것을 이해하게 된다.

그런데 내 이웃이 나를 자신만큼 사랑하라는 명령을 받는다면 나 와 똑같이 대답하고, 내가 말한 것과 똑같은 이유로 나를 거부할 것 은 말할 필요가 없다. 내 생각에 그 사람이 같은 객관적 정당성을 갖 고 말하지는 않겠지만, 나와 같은 생각으로 말할 것이다. 그래도 인 간의 행동은 차이가 있고, 도덕은 그런 조건들을 제치고 인간의 행 동을 단순히 "선"과 "악"으로 구분한다. 이 부인할 수 없는 차이가 고 려되지 않는 한, 이런 높은 수준의 윤리적 요구를 따르는 것은 "악" 에 직접적인 이익을 주기 때문에 필연적으로 문화의 목적을 해치게 된다. 우리는 프랑스 의회에서 사형 제도를 논의했을 때 있었던 사 건을 기억하지 않을 수 없다. 한 의원이 사형 제도를 폐지해야 한다 고 열변을 토하여 우레 같은 박수갈채를 받았을 때 청중석에서 다음 과 같은 소리가 터져 나왔다. "우선 살인자들부터 이 동의에 재청하 시오!*Que messieurs les assassins commencent!*"

그 모든 것 뒤에 있는, 기꺼이 부정하고 싶은 현실은, 인간이 공 격을 받으면 기껏해야 방어도 할 줄 아는 유순하고 사랑받을 만한 존재가 아니라 오히려 충동의 천성으로 볼 때 강력한 공격 경향성 을 갖고 있다는 것을 알아야 한다. 그러므로 이웃은 그에게 잠재적 인 조력자나 성적 대상일 뿐 아니라, 그에게 공격 본능을 해소하고,

아무 보상도 없이 노동을 착취하고, 동의 없이 그를 성적 노리개로 사용하고, 그 이웃의 재물을 강탈하고, 그를 무시하고, 그에게 고통을 주고, 그를 괴롭히고 죽이는 시련이다. "인간은 인간에게 늑대다 Homo homini lupus"[26]란 이 말을 인생 경험과 역사에 대한 견문이 넓은 사람이라면 어찌 감히 반박할 수 있겠는가? 이 끔찍한 공격성은 대개 도발을 기다리거나 좀 더 약한 수단으로 그 목표를 수행할 수 있는 다른 의도를 수행할 때도 나타난다. 그 공격성이 발휘되기 좋은 상황이면, 평소에 억제되어 있는, 다시 말해 소멸된 심혼의 반동력들이 갑작스럽게 발현되어 인간이 자기 종족을 아낄 줄 모르는 야수라는 것을 폭로한다. 훈족의 민족이동과 침입, 칭기즈칸과 티무르가 이끄는 소위 말하는 몽고의 침입, 경건한 십자군의 예루살렘 점령, 또는 최근에 일어난 1차 세계대전의 참혹함을 상기하는 사람이라면, 이런 논지의 사실성에 겸손히 고개를 숙여야 할 것이다.

우리 자신도 느낄 수 있고 다른 사람에게는 당연히 있다고 전제하는 이 공격 본능의 존재는 우리와 이웃의 관계를 방해하고 문화가 상당한 비용을 부담하도록 하는 요인이다. 인간 상호 간의 이런 원초적인 적개심으로 인하여 문화 사회는 끊임없이 붕괴의 위협을 받는다. 노동공동체의 이해관계로는 이 사회가 유지되기 힘든데, 그

---

26 역주: 토마스 홉스가 '만인의 만인에 대한 투쟁'으로 인용한 이 말은 로마의 희극작가 플라우투스의 『아시나리아(*Asinaria*)』에 나오는 말이다.

이유는 충동적인 정열이 이성적 이해관계보다 더 강하기 때문이다. 인간의 공격충동을 제어하고, 심리적 반동 형성을 통한 표출을 자제하도록 하기 위해 문화는 모든 노력을 기울여야 한다. 말하자면 그 때문에 인간들을 정체성 형성과 목표 억제적인 애정 관계로 유도할 방법들을 동원하고, 그 결과 성생활을 제한하고, '네 이웃을 네 몸과 같이 사랑하라'는 이상적 계명을 제시한 것이다. 이 계명이야말로 사실 이보다 더 인간 본성과는 뚜렷이 배치되는 것이 없다는 사실밖에 아무런 의미도 없다. 그러나 이 모든 노력에도 불구하고 문화의 기획들은 지금까지 큰 성과를 거두지 못했다. 범죄자들에게 폭력을 행사할 권리를 만들면 잔인한 폭력의 거친 질주들을 막을 수 있으리라고 기대하지만, 좀 더 비밀스럽고도 교묘하게 표출되는 인간의 공격 본능에 대해서는 법도 아무런 대책을 세우지 못한다. 어린 시절 누구나 자신의 주변에 있었던 사람들에게 걸었던 기대들이 환영으로 전락하는 것을 알게 되고, 그들의 악의 때문에 자신의 삶이 너무 힘들고 고통스러웠다는 경험을 했을 것이다. 그러나 이때 문화가 인간의 활동에서 나온 투쟁과 경쟁을 배제하려 했다고 비난하는 것은 부당하다. 투쟁과 경쟁은 두말할 필요도 없이 필수불가결한 것이다. 그러나 라이벌이 반드시 적개심을 말하는 것은 아니다. 다만 그것이 악용되어 적개심의 동기가 되도록 한 것이 문제이다.

공산주의자들은 악에서 인간을 구원하는 길을 발견했다고 믿고 있다. 그들은 인간이 전적으로 선하고 이웃에게 선의를 갖고 있지만 사유재산이 인간의 본성을 타락시켰다고 주장한다. 사유재산을 가진 사람에게 힘이 주어지고, 그 힘으로 이웃을 마음대로 하고 싶은 유혹을 느낀다. 한편 무산자는 압제자에 대한 적개심에 기댈 수밖에 없다. 사유재산이 폐지되고 모든 재화를 공유하여, 모든 사람이 그것을 공동으로 향유하는 데 참여하게 된다면, 인간들에게서 악의와 적개심은 사라질 것이다. 모든 사람의 욕구가 충족되기 때문에 아무도 남을 적이라고 볼 이유가 없어질 테고, 해야 할 일에 있어 기꺼운 마음으로 그 일을 대할 것이다. 나는 공산주의 체제를 경제적으로 비판하는 이런 일엔 아무런 관심이 없다. 사유재산의 폐지가 합당하거나 장점이 있는지는 내가 연구할 문제가 아니다.[27] 그러나 그 체제의 심리학적 전제는 근거 없는 환영에 불과하다고 말할 수밖에 없다. 사유재산을 폐지하면 인간의 공격 본능이 가진 도구와 달리, 강력하나 가장 강력하지는 않은 도구 하나를 빼앗을 수는 있다. 하지만 공격성을 자신들의 의도대로 잘못 사용하는 데 쓰이는 권력과 실제 영향력의 차이들에 대해서는 아무런 변화도 이룰 수 없고, 하물며 그것의 본질을 바꾸려는 것은 꿈도 꿀 수 없다. 공격성이 소유로 인해 형성된 것이 아니라는 것은 소유가 아직 극히 미

---

27 유년 시절에 가난의 고통을 맛보고, 유산자의 무관심과 오만을 경험한 사람은 인간들의 공평한 재산과 그로 인해 파생되는 것을 두고 벌이는 투쟁에 대해 이해나 호의가 없다는 의혹은 면할 수 있다. 물론 이 투쟁이 모든 인간의 평등에 대한 추상적 정의 요구를 목적으로 한다면, 자연이 각 개인에게 지극히 불평등한 육체적 능력과 정신적 재능을 주었고 그에 대해 어떤 조처도 할 수 없다는 반론이 제기될 수 있다.

미했던 원시시대에 공격성이 절대적으로 지배적이었다는 것을 보면 알 수 있다. 그리고 유아를 살펴보면 소유가 원래의 항문기적 형식을 포기하기도 전에 공격성을 보인다. 그리고 공격성은 어머니와 아들이라는 단 하나의 예외적 관계만 빼면 사람들 사이의 모든 애정 관계와 성적 관계의 토대를 이룬다. 물적 소유에 대한 개인적 권리를 제외한다 해도 성관계에는 여전히 개인의 특권이 존재한다. 그 특권은 특별한 일이 없으면 평등한 관계에 있는 사람들 사이에서도 가장 강력한 혐오와 가장 격렬한 적개심을 불러일으키는 원인이 될 수밖에 없다. 성생활의 완전한 자유를 통해 이 요인마저 제거하면, 즉 문화의 기초 단위인 가족을 폐지하면 문화 발전이 어떤 새로운 길로 접어들지 쉽게 예상할 수 없는 것이 사실이긴 하나, 인간 본성에서 결코 파괴할 수 없는 모습인 공격성은 그 방향을 따라가리라고 추론할 수 있다.

인간이 분명 이 공격성에 대한 만족을 단념하는 것은 쉽지 않다. 그렇게 되면 인간은 쾌감을 느끼지 못하기 때문이다. 비교적 작은 문화 집단을 살펴보면 낯선 사람에게 적개심을 가짐으로 본능을 발산하도록 허용하는 것을 볼 수 있는데 그 이점을 폄하해서는 안 된다. 더 많은 사람을 사랑으로 묶는 것은 항상 가능하다. 다만 다른 이들은 여전히 공격성을 그대로 드러낸다는 것 또한 사실이다. 나는 전에 바로 경계를 맞대고 있을 뿐만 아니라 그 외에도 서로 밀접한 관련이 있는 공동체들이, 이를테면 에스파냐인들과 포르투갈인들, 북독인들과 남독인들, 잉글랜드인들과 스코틀랜드인들이 서로 반목하고 조롱하는 현상을 설명한 적이 있다. 나는 이 현상을 "사소한 차이들에 따른 자기애"라고 불렀지만, 그 현상을 심도 있게 설명해 주지는 못했던 것 같다. 우리는 이 점에 있어서 편안하고도 상대적으로 해롭지 않게 공격성을 해소하는 모습을 찾아볼 수 있는데, 이로 인해 공동체의 구성원들이 단결을 쉽게 이룰 수 있다. 전 세계에 흩어져 있는 유대 민족들은 이런 방식으로 그들이 사는 나라의 문화에 괄목할 만한 기여를 했다고 말할 수 있다. 그러나 유감스럽게도 중세에 일어난 유대인 학살은 기독교도들에게 더 평화롭고 더 안전한 상태를 만들어 주지는 못했다. 사도 바울이 보편적 인간 사랑을 기독교 공동체의 기초로 삼은 후에 기독교도들이 기독교 공동체 밖에 있는 사람들을 극단적인 비관용으로 대하는 결과를 얻게 되었다. 종교가 로마인들의 국가적 사안이었고 국가가 온통 종교에 빠져 있었지만, 종교적 관용은 국가의 정체성을 사랑에 기반을 두지 않은 로마인들에게 낯선 일이었다. 게르만족의 세계 지배라는 꿈을 실현하기 위해 그것을 상쇄하는 반유대주의를 필요로 했던 것도 이해 못 할 우연은 아니었다. 러시아에 새로운 공산주의 문화를 설립하려는 시도가 부르주아 박해에 대한 심리적 지지를 찾으려 했다는 것도 이해할 수 있는 일이다. 다만 구소련 사람들이 부르주아를 말살한 뒤에 어떻게 할지 그것이 염려될 뿐이다.

만약 문화가 인간의 성뿐만이 아니라 공격성에도 큰 희생을 강요한다면, 인간이 문화 속에서 행복해지기 어렵다는 것을 더 잘 이해할 수 있다. 사실 원시인은 욕동에 어떤 제한도 없었다는 점에 있어서 우리보다 더 나았다. 다만 이 쾌감을 오랫동안 누릴 가능성이 보장되느냐는 점에 있어서는 그 반대급부가 작다. 문화인은 쾌감을 얻을 기회의 일부를 희생하고, 대신 안전이라는 것을 얻었다. 그러나 초기 가족에서는 족장만이 그런 욕동의 자유를 누렸다는 사실을 잊어서는 안 된다. 다른 사람들은 노예적 예속에 시달렸다. 문화의 초기에는 문화의 이익을 향유하는 소수와 이 이익을 빼앗긴 사람 사이의 대립이 극에 달했다. 오늘날 살아 있는 원시인들을 주의 깊게 관찰해 보면, 그들의 본능에 따른 생활이 결코 우리가 부러워하는 자유를 가지고 있지 않았다는 것을 알 수 있다. 그들에게는 다른 종류의 제약들이 있고, 또한 그것이 현대 문화인의 제약들보다 훨씬 엄격한 제약일지도 모른다.

우리의 현재 문화 상태가 우리들의 행복한 삶의 질서에 대한 요구를 충족시키지 못하고, 피할 수도 없는 수많은 고통을 그대로 방치한다고 하면서 우리가 이 문화 상태에 대해 당연히 불만을 피력하고, 가차 없는 비판으로 우리가 그 문화의 불완전함의 근원을 찾아낸다 한다면 그것은 당연히 우리의 권리를 행사하는 것이기에 결코 우리가 문화의 적임을 줄 필요가 없다. 우리는 점차 우리 문화의 그런 변화들이 수행되어 그것들이 우리의 욕구를 더 충족시키고 우리의 비판을 면할 수 있는 방향으로 가기를 바란다. 그러나 문화의 본질 속에 내재하는, 어떤 개혁에도 움직이지 않는 난점들이 존재한다는 생각에도 적응해야 한다. 우리가 감내하는 욕동 제한의 과업 이외에도 "집단의 심리적 고통"이라고 부르는 상태가 생겨날 위험이 있다. 이런 위험이 일어날 수 있는 가장 큰 가능성은 사회적 결속이 주로 구성원들 사이의 정체성으로 만들어져 있고, 그에 반해 지도자 개인들이 집단 형성에서 마땅히 가져야 할 의미를 얻지 못할 경우에 있다.[28] 미국의 현재 문화 상태는 이런 위기에 빠진 문화 유실을 연구할 수 있는 좋은 기회를 제공할지도 모른다. 그러나 나는 여기서 미국 문화를 비판하고 싶은 유혹은 피하기로 하겠다. 내가 스스로 미국식 방법을 이용하는 듯한 인상을 주고 싶지 않기 때문이다.

---

28 「집단심리학과 자아 분석」(1921) 전집 13권을 보라.

6장

나는 어떤 글을 쓰면서도 이번처럼 일반적으로 알려진 것을 말하며, 종이와 잉크, 나아가 식자공의 노동과 인쇄공의 재료까지 낭비하고 실제로 당연한 것들을 설명하고 있다는 느낌을 가져 본 적이 없다. 그래서 특별하고도, 독립적인 공격 충동을 인정하는 것이 정신분석의 욕동이론을 수정해야 한다는 모습을 보인다면 나는 그것을 기꺼이 다루고 싶다.

그러나 일은 그렇게 진행되지 않으며, 이미 오래전에 성취한 인식을 좀 더 정확하게 파악하고 그것의 논리를 철저히 규명해야 하는 것이 중요하다는 사실을 알게 될 것이다. 정신분석 이론들 중 가장 더디게 발전한 부분인 욕동이론이 가장 힘들게 앞길을 헤쳐 나가고 있다. 그러나 이 욕동이론은 정신분석 이론 전체에 배제될 수 없는 요소였기 때문에 무엇인가가 그 자리를 채워야 했다. 초기의 혼란스러움 속에서 나는 "배고픔과 사랑"[29]이 세계의 버팀목을 유지한다는 시인이자 철학자인 실러의 문장을 발판으로 삼았다. 이

---

29 실러의 「철학자들(*Die Weltweisen*)」.

배고픔은 개체를 보존하려는 욕동의 대변자가 될 수 있고, 사랑은 대상들을 얻으려 애쓴다. 모든 면에 있어서 자연의 혜택을 받고 있는 이 사랑의 주된 기능은 종족의 보존이다. 그래서 먼저 자아 욕동과 대상 욕동이 서로 대립을 하게 되었다. 후자, 즉 대상 욕동의 에너지를 위해, 아니 오로지 그것만을 위해 나는 리비도란 말을 사용했다. 그러자 넓은 의미에서의 사랑에 자아 욕동과 대상을 향한 "리비도적" 욕동들 사이의 대립이 만들어지게 되었다. 대상 욕동들 중 하나인 가학성은 목적이 사랑스럽지 않다는 점에서 다른 것과 차별을 보이는데, 여러 가지 점에서 분명 자아 욕동들과 연결되고, 리비도적 의도가 전혀 없는 지배 욕동과의 유사성을 감출 수 없었다. 그러나 우리는 이 불일치를 넘어설 수 있었다. 그것은 바로 가학성도 분명 성생활의 일부로서 그 잔인한 유희가 바로 매력적 사랑을 대체할 수 있었다는 것이다. 신경증은 자기 보존의 욕구와 리비도의 요구 사이에 벌어지는 투쟁의 결과로 나타난 것이다. 이 투쟁에서 자아가 승리를 하였으나 고통과 욕구의 단념이라는 대가를 치렀다.

오늘날에도 정신분석가라면 누구든 이 견해가 이미 낡은 이론처럼 들리지 않는다는 점을 인정할 것이다. 그럼에도 불구하고 우리의 연구가 억압된 것에서 억압하는 것으로, 대상 욕동에서 자아 욕동으로 나아감에 따라 이 견해를 수정할 필요가 생겼다. 결정적인 것은 자기애의 개념 도입인데, 다시 말해 자아 스스로 리비도에 집중되고, 사실상 리비도의 요람이며, 어느 정도까지는 여전히 리비도의 본부로 남아 있다는 통찰이다. 이 자기애적 리비도는 대상들로 돌려져 대상 리비도가 되고, 이것은 또다시 자기애적 리비도로 되돌아온다. 자기애의 개념은 외상성 신경증과 정신증, 유사한 수많은 질환과 정신증 자체도 정신분석적으로 이해할 수 있게 해 주었다. 전이신경증은 자아가 성으로부터 자신을 보호하려는 노력이라는 해석을 포기할 필요는 없었지만 그러면서 리비도 개념이 위기에 빠졌다. 자아 욕동들 또한 리비도이었기 때문에, 융이 오래전에 해석했듯이, 리비도를 욕동에너지 일반과 일치시키는 것이 일시적으로는 불가피해 보였다. 그런데도 나에게는 본능이 모두 같은 종류에 속할 리가 없다는 확신이 남아 있었다. 하지만 욕동들이 모두 같은 성격을 가진 것이 아닐 수 있다는 불확실성처럼 무엇인가 확신할 수 없는 채 그대로 남아 있다. 내가 내디딘 다음 걸음은 「쾌감원칙의 저편」(1920)에서였는데, 이때는 반복충동과 욕동의 보수적 성격이 먼저 내 관심을 끌었다. 나는 생명의 기원에 대한 고찰과 생물학적 대비에서 출발하여 나는 생물 개체를 보존하려는 본능과 그것을 점점 큰 단위로 결합시키려는 본능[30] 이외에, 그와는 정반대인 또 다른 본능, 즉 그 단위들을 해체하여 원초의 무기물 상태로 돌려보내려는 본능이 존재할 게 틀림없다는 결론을 끌어냈다. 말하자면

---

30 이때 욕동의 일반적이고 보수적인 본성을 향해 끊임없이 씨를 퍼뜨리려는 에로스의 경향에 대해 대립이 뚜렷이 나타나고, 이 대립은 계속 이어지는 문제들을 연구하는 출발점이 될 수 있다.

에로스 이외에 죽음의 욕동(타나토스)도 있다는 것이었다. 생명의 현상들은 이 두 가지 본능의 협력 또는 대립 행위로 설명할 수 있었다. 그러나 이렇게 가정한 죽음의 욕동이 어떻게 작용하는지 입증하기는 쉽지 않았다. 에로스의 현상들은 눈에 띄고 요란하였다. 그에 반해 죽음의 욕동은 생명체 내부에서 은밀하게 그것의 해체를 실행하고 있지만, 물론 여기에는 증거가 없었다. 곧바로 이어진 생각은 그 욕동의 일부가 외부세계를 향하고 공격과 파괴를 향한 욕동으로 나타난다는 것이었다. 이렇게 되면 이 죽음의 욕동이 강제적으로 에로스의 노예가 되어 생명체가 자신 대신에 다른 것, 즉 산 것과 죽은 것을 파괴하게 된다. 반대로 외부를 향한 이 공격성을 제한한다면 그러잖아도 은밀히 실행되고 있는 자기 파괴가 더욱 촉진될 수밖에 없다. 우리는 이 사례를 통해 동시에 두 종류의 욕동들은 거의 —어쩌면 전혀— 분리되어 나타나지 않으며, 다양한 비율로, 또 그 배분도 교차되어 섞이기 때문에 판단할 수 없다는 것을 알 수 있었다. 오래전부터 성 욕동의 부분 욕동인 가학증을 알게 된 이후, 우리는 오랫동안 가학증 속에서 그와 같은 사랑 욕동과 파괴 욕동이 뒤섞인 유난히 견고한 합금을 발견한 것인지도 모른다. 그리고 그와 대조되는 피학증은 내면으로 돌려진 파괴 욕동과 성 욕동의 결합일 것이며, 이 결합으로 인해 특별한 경우가 아니라면 알 수 없는 욕동이 겉으로 드러나고 감지될 수 있다.

죽음 욕동 또는 파괴 욕동이 있다는 가정에 대해서는 정신분석학

내에서조차 이론이 제기되었다. 다수가 사랑의 현상 중 위험하고 적대적인 요소를 사랑의 고유한 본질 속에 내재된 원천적인 양극성에서 나온 것으로 보려고 한다는 것을 나는 알고 있다. 나도 처음에는 여기서 전개된 견해를 시험적으로 받아들였지만, 시간이 흐르면서 이 견해에 압도된 나머지 이제는 더 이상 다르게 생각할 수 없는 상황이 되었다. 나는 이 견해가 다른 어떤 견해들보다 훨씬 유용하다고 생각한다. 그것은 사실을 올바로 파악하지 않거나 왜곡함으로써, 그리고 단순화시키지 않음으로써 우리가 학문을 추구하면서 항상 노력하는 자세를 보이고 있다. 나는 가학증과 피학증을 각각 외부와 내부로 돌려진 파괴 욕동이 강하게 자기애와 결합되어 나타난 것으로 보고 있다. 그러나 성애와 결부되지 않은 공격과 파괴 욕동이 어느 곳에서나 존재한다는 사실을 우리가 어떻게 간과하고 등한시하여, 삶을 해석할 때 이 욕동들에 상응하는 위치를 부여하지 않았는지 나도 이해할 수가 없다. (물론 내면으로 향한 파괴욕이 성애적 성격을 띠지 않는 한 그것은 대개 지각하기 어렵다.) 파괴 욕동이라는 개념이 처음으로 정신분석 문헌에 등장했을 때 나도 거기에 대해 거부감이 있었던 기억이 있고, 그것을 받아들이게 될 때까지 도대체 얼마나 많은 시간이 걸렸는지 모른다. 그러므로 다른 사람들이 나처럼 거부하는 태도를 보였다는 것과 아직도 그런 태도를 보이고 있다는 것이 크게 놀라운 일은 아니다. 인간이 천성적으로 "악"에 대한 성향, 즉 공격성과 파괴성, 따라서 잔인성을 타고났다는 말을 하면,

아이들은 듣고 싶어 하지 않기[31] 때문이다. 신은 자신의 형상을 본떠서 그 아이들을 만들었지만 사람들은 크리스천 사이언스의 확언에도 불구하고 부정하기 어려운 악의 존재를 신의 전능함과 자비와 통합하는 것이 얼마나 어려운가를 기억하고 싶어 하지 않는다. 아마도 악마는 신을 변호하기에 가장 좋은 방책일 것이다. 동시에 악마는 아리안족의 이상 세계 속에서 유대인이 떠맡고 있는 것과 리비도 경제학적으로 유사한 배출구 역할을 할 것이다. 그렇다고 하더라도 우리는 신에 대해, 악마의 존재에 대해, 그리고 악마로 나타나는 악의 존재에 대해 응분의 책임을 요구할 수도 있다. 이런 어려움에 직면하여 적당한 기회에 인간이 갖고 있는 숭고한 도덕적 천성에 대하여 깊은 경의를 표하는 것이 모든 사람에게 도움이 될 것이다. 그것은 우리의 보편적인 사랑을 받고, 우리가 그에 대해 많은 것을 생각할 수 있는 기회를 줄 것이다.[32]

---

31 역주: "Die Kinder, sie hören es gerne."(아이들은 그 이야기를 기꺼이 듣고 싶어 하지요.) 괴테의 시 Ballade(담시)에는 추방되어 고향으로 가는 공작에 대한 이야기가 전개되고 있는데 거기서 매 연마다 이 말을 반복한다. 프로이트는 Kinder(아이들)를 Kindlein(유아들)으로 바꾸고, 더불어 nicht라는 부정사를 써서 패러디하고 있다. Johann Wolfgang von Goethe, Ballade, in Goethes Werke(Hamburger Ausgabe), Bd. 1, Gedichte und Epen, Textkritisch durchgesehen und kommentiert von Erich Trunz, München, 1981, 290쪽 이하.

32 괴테가 『파우스트』에서 메피스토펠레스의 입을 빌려 악의 원리와 파괴 욕동이 동일하다는 것을 말한 것이 아주 설득력 있다:

왜냐하면 생성하는 모든 것은
멸망하게 마련이니
…
그러니 당신들이 죄라느니, 파괴라느니

리비도라는 이름은 다시 에로스라는 힘의 표출을 뜻하는 말로 사용하여 죽음 욕동의 에너지와 구별한다.[33] 이 죽음 욕동을 파악하기가 훨씬 어렵고 나는 이것이 그저 에로스 뒤에 숨어 있는 것이라고 짐작할 수밖에 없음을 고백해야겠다. 그리고 이 욕동은 에로스와 결합하여 드러나지 않으면 우리가 감지할 수 없다. 우리는 죽음 욕동이 자기 식으로 성적 목표를 왜곡하는 동시에 성충동을 완전히 충

요컨대 악이라고 부르는 것이
내 원래의 본성이라오.
Denn alles, was entsteht,
Ist wert, das es zu Grunde geht.
...

So ist dann alles, was Ihr Sünde,
Zerstörung, kurz das Böse nennt,
Mein eigentliches Element.(1339-1344)

악마는 성스러운 것, 선한 것뿐 아니라, 생명을 잉태하고 퍼뜨리는 자연의 힘, 즉 에로스도 자신의 적으로 보고 있다.

...

공기, 물, 땅에서도,
수많은 새싹이 돋아난다오.
마른 곳, 축축한 곳, 따뜻한 곳, 추운 곳에서도!
만약에 내가 불씨라도 준비해 두지 않았다면
내세울 만한 것이 하나도 없을 뻔했다오.
Der Luft, dem Wasser, wie der Erden
Entwinden tausend Keime sich,
Im Trocknen, Feuchten, Warmen, Kalten!
Hätt' ich mir nicht die Flamme vorbehalten,
ch hätte nichts Aparts für mich.(1374-1378)

역주: 괴테의 『파우스트』 제1부 「서재」에 나오는 말이다.

33 현재 우리의 관점을 대충 요약하여 한 문장으로 정리하면 이렇다. 리비도는 모든 욕동 표출에 참여하지만 그 표출에 참여하는 모든 것이 리비도는 아니다.

족시키는 가학증에서 그 욕동의 존재와 에로스와의 관계를 통찰할 수 있다. 그러나 우리는 죽음 욕동이 성적 의도와는 관계없이 등장하고, 그것도 맹목적인 파괴성으로 나타나는 경우에도 그 욕동의 충족이 아주 강한 자기애적 쾌감을 수반한다는 사실을 인정하지 않을 수 없다. 이때 이 욕동의 충족은 자아에게 그 옛날 전능함에 대한 소원 충족을 보여 준다. 순화되고 길들여진, 흡사 목표 억제적인 것 같은 파괴 욕동은 대상들을 향한 채 자아에 삶의 욕구 충족과 자연에 대한 지배력을 만들어 주는 것임에 틀림없다. 파괴 욕동이 있다고 보는 것은 주로 이론적 근거에 바탕을 두고 있기 때문에, 우리는 다른 이론의 반박에 대해 확실하지 않다는 것도 인정해야 한다. 그러나 지금의 지식 단계에서는 이렇게 말할 수밖에 없다. 앞으로 더 많이 연구하고 숙고하면 분명 더 좋은 사실이 발견될 것이다.

다른 모든 것에 대해서 나는 공격 성향이 인간의 원초적이고 독립적인 욕동이라는 입장을 견지하고, 공격 욕동에서 문화는 가장 큰 장애가 된다는 의견을 다시 한번 강조한다. 나는 이 연구를 하는 과정에서 언젠가 한번 문화가 인류를 거쳐 지나간 독특한 과정이라는 생각을 떨칠 수가 없었으며 아직도 그 생각의 테두리를 벗어날 수 없다. 이제 우리는 문화가 개인들과 가족들을 결합시키고, 그다음에는 종족들과 민족들과 국가들을 결합시켜, 하나의 커다란 단위, 즉 인류로 만들려는 에로스를 위한 과정이라는 생각을 덧붙일 수 있다. 왜 그런 일이 일어나야 하는지 우리도 모른다. 하지만 그것이 에로스가 하는 일이다. 이렇게 형성된 인간 집단은 리비도적으로 서로 결부되고, 필연성으로는, 즉 노동 공동체의 이익만으로는 그들을 결속시킬 수 없다. 그러나 인간의 자연적인 공격 욕동, 즉 만인에 대한 개인의 적개심과 개인에 대한 만인의 적개심은 문화의 기획에 저항한다. 이 공격 욕동은 에로스와 같이 존재하고, 그 에로스와 공동으로 세계를 지배하고 있는 죽음 욕동의 자식이자 대표자이다. 이렇게 하여 내 생각으로는 이제 문화 발달이 갖는 의미가 분명해졌다. 문화는 인류에게서 일어나는 에로스와 죽음, 삶의 욕동과 파괴 욕동 사이의 투쟁이라는 모습을 보인다. 이 투쟁은 모든 생명의 본질적인 요소이며, 따라서 문화 발달은 간단히 인류의 생존을 위한 투쟁이라고 말할 수 있다.[34] 그리고 거인들의 이 싸움을 보고 유모들은 "저 하늘의 자장가Eiapopeia vom Himmel"[35]를 부르며 그들을 다시 잠재우려 들 것이다.

---

34 다음과 같이 좀 더 정확히 표현하는 것이 좋다. 어떤 특정한, 아직 해명되지 않은 어떤 사건으로부터 그 모습을 취할 것임에 틀림없는 생존 투쟁이라고.

35 역주: 하이네의 시집 『독일. 어느 겨울 동화』에서 인용한 말.

그녀는 그 낡은 체념의 노래를 불렀다.
덩치 큰 무뢰한 민중이 울면,
그들을 다시 잠재우는
저 하늘의 자장가를
Sie sang das alte Entsagungslied,
Das Eiapopeia vom Himmel,
Womit man einlullt, wenn es greint,
Das Volk, den großen Lümmel.

7장

우리의 친척인 동물들은 왜 그런 문화적 쟁취를 위해 애쓰지 않을까? 아, 우리도 그것은 모른다. 꿀벌과 개미, 흰개미 같은 몇몇 곤충들은 몇십만 년에 걸친 노력의 결과 오늘날 우리가 감탄할 정도의 국가 조직과 분업, 개체의 욕망 규제에 도달하였을 것이다. 우리의 현 상황에 비추어 볼 때 이런 동물의 국가에 태어나 각 개체에 할당된 역할을 충실히 수행한다 해도 우리는 그런 쾌감을 의식하지 못할 것이라는 느낌이 든다. 다른 동물의 경우에는 환경의 영향과 그들 내부에서 서로 충돌하는 여러 욕동들이 일시적이나마 균형을 이루어 발달의 정지 상태에 이르렀는지도 모른다. 원시인의 경우에는 리비도의 새로운 약진이 파괴 욕동을 꿈틀거리도록 자극했는지도 모른다. 아직 여기에 해답을 찾을 수 없는 의문점들이 너무 많다.

다른 시급한 의문이 하나 있다. 문화는 자신을 대적하는 공격성을 억제하고 무해하게 만들고 경우에 따라 아예 제거하기 위해 어떤 수단을 사용하는가? 이 수단 가운데 몇몇은 우리가 이미 알고 있지만 가장 중요한 수단은 아직 알고 있지 못하다. 우리는 개인의 발달사를 통해 이것을 연구할 수 있다. 개인은 자신의 공격 유혹을 무해하게 하기 위해 어떤 수단을 사용하는가? 그것은 너무 특이한 것이어서 예상하지 못했을 것이 분명하지만, 그래도 아주 명백하다. 개인의 공격 욕동은 내사하여 내면화되지만, 실제로는 공격 본능이 나온 곳으로 돌려보내진다. 다시 말해서 자신의 자아로 되돌려 보내진다. 거기에서 공격 욕동은 초자아란 이름으로 나머지 자아에 대항하고 있는 자아의 일부가 그것을 인수하여, 이제 "양심"의 형태로 자아에 대해 가혹한 공격을 가할 준비를 한다. 이 공격성은 원래 자아가 외부의 다른 개인들에게서 만족시켜야 할 힘이었다. 우리는 엄격한 초자아와 그것의 지배를 받는 자아 사이의 긴장을 죄의식이라고 부른다. 죄의식은 처벌 욕구로 나타난다. 따라서 문화는 개인의 공격 욕동을 약화시키고 무장해제하는 한편, 마치 정복한 도시에 점령군을 주둔시키듯 개인의 내면에 양심을 두어 통제한다.

죄책감의 발생에 대해 정신분석학자는 심리학자들과 다른 생각을 한다. 그러나 정신분석학자도 그것을 바로 설명하기가 쉽지 않다. 우선 사람이 어떻게 죄책감을 갖게 되느냐 하는 질문에 대해서는 아무도 반박할 수 없는 대답을 한다. 우리가 "악하다"는 것을 알고 무엇을 행할 때 잘못을(종교인은: 죄를) 느끼는 것이라고. 그러나 곧이어 우리는 이 대답이 거의 아무런 내용도 없다는 것을 알아차린다. 우리는 이런저런 생각을 해 본 후에 사람이 실제로 이 악행을 하지 않고 그 악행을 하려는 의도만 품은 경우에도 자신이 죄가 있다고 여길 것이다. 그렇다면 우리는 의도를 실행과 같은 것으로 간주하는 이유가 무엇이냐는 의문을 갖는다. 그러나 이 두 경우 모두 우리가 나쁜 짓을 해서는 안 되고 나쁜 짓은 마땅히 비난받아야 한다는 것을 전제로 하고 있다. 그러면 우리가 어떻게 이런 판단에 도달하는가? 선과 악을 구분하는 원래의, 소위 말해서 자연적인 능력은 거부해도 좋다. 왜냐하면 악은 종종 자아를 해롭거나 위험하게 만드는 것이 아니라 오히려 자아가 바라고 자아에 만족감을 주는 어떤 것이다. 그러므로 여기에는 외부의 영향이 있었고, 그 영향이 선과 악을 규정하도록 한 것이다. 자신의 감정이 어떤 사람을 같은 길로 인도하지 않았을 경우, 그 사람은 이 외부의 영향에 복종해야 할 동기가 있었을 것임에 틀림없다. 그 동기는 사람의 무력함과 타인에 대한 의존에서 쉽게 찾아볼 수 있는데, 가장 적절하게 표현하면 사랑의 상실에 대한 불안이라고 말할 수 있다. 자신이 의존하고 있는 사람의 사랑을 잃으면 더 이상 다양한 위험에서 보호받을 수도 없고, 무엇보다도 그는 이 강한 사람이 처벌이라는 형태로 자신의 우월함을 보여 주는 위험에 처할 것이다. 따라서 악은 처음에는 사랑을 상실하게 할 우려가 있다고 위협하는 성질의 것이었다. 사랑을 상실하기가 두렵기 때문에 우리는 그것을 피한다. 바로 그 이유 때문에 이미 악을 행했느냐 아니면 의도만 품었느냐 하는 것은 별로 중요하지 않다. 어느 경우든 권위자가 그것을 알게 되면 위험이 발생하고, 어떤 경우든 이 권위자는 비슷하게 행동할 것이다.

우리는 이런 심리 상태를 "양심의 가책"이라고 부르지만, 실제로는 이런 이름이 부적합하다. 왜냐하면 이 단계에서 죄의식은 분명 사랑을 잃을지도 모른다는 두려움, 즉 "사회적" 두려움에 불과하기 때문이다. 어린이의 경우에는 결코 다른 어떤 것이 대체될 수 없고, 심지어 대개 성인의 경우에도 아버지나 부모의 자리를 규모가 더 큰 인간 공동체가 대체하는 것 이외엔 아무것도 변하는 것이 없다. 그 때문에 성인들은 그들에게 즐거움을 약속하는 악을 정기적으로 거리낌 없이 실행한다. 다만 권위자가 알지 못하거나 알더라도 그들에게 위세를 행하지 못할 거라는 확신이 들면 악을 행하므로 이들의 두려움은 오로지 발각되지 않을까 하는 데서 올 뿐이다.[36] 오늘날의 사회는 일반적으로 이런 상태를 염두에 두어야 한다.

초자아의 설정을 통해 권위자가 내면화되어야 큰 변화가 일어난다. 이렇게 되면 양심 현상들은 새로운 단계로 승화한다. 원칙적으로 이때가 되어서야 양심과 죄책감에 대해 말할 수 있다.[37] 발각될지 모른다는 두려움이 끝나는 것도, 결국에는 악을 행하는 것과 의도하는 것 사이의 구별도 이 시점에서 사라진다. 초자아 앞에서는 어떤 것도 숨을 수 없으며 생각조차 숨을 수 없다. 새로운 권위자인 초자아는 우리 생각으로는 자아와 내적으로 결부되어 있어서 자아를 학

---

36 이와 관련하여 루소의 저작에 나오는 유명한 베이징의 고관을 생각해 볼 것이다.
37 현실에서는 모호한 경계를 가지고 수행되는 것들이 이 글의 서술에서는 분명하게 구분되는 것. 여기서 초자아의 존재만 다루는 것이 아니라 그것의 상대적 강도와 영향 영역을 다루고 있다는 것은 분별력 있는 사람이라면 다 잘 알고 수용할 것이다. 양심과 가책에 대한 것은 이미 보편적으로 알려져 있고 거의 논란의 여지가 없다.

대할 동기가 전혀 없기 때문에 상황의 현실적 심각성은 물론 사라진 것이다. 그러나 이미 지나간 것, 과거의 것도 계속 살아 있게 하는 발생의 영향으로 인해 근본적으로 처음과 같이 그대로 머물러 있는 것처럼 보인다. 초자아는 죄를 지은 자아를 소위 말하는 불안감으로 괴롭히고, 외부 세계로부터 그런 자아를 처벌받게 할 기회를 노린다.

이 두 번째 단계에서 양심은 첫 번째 단계에서는 볼 수 없었던 독특함을 보이는데 이것을 설명하는 것은 이제 더 이상 쉽지 않다. 미덕을 중시하는 사람일수록 그 양심은 더욱더 엄격하고 불신의 경향이 더 많아지기에 결국에는 양심을 성스러움에 가장 가까이 가지고 가서 자신을 가장 나쁜 죄인이라고 자책하는 이들이 된다. 이런 과정에서 미덕은 보장된 보상의 일부를 희생시키기 때문에 순종적이고 금욕적인 자아는 자신의 멘토인 초자아의 신뢰를 향유하지 못하고, 결국 그것을 얻으려는 노력은 헛수고로 끝날 수밖에 없어 보인다. 사람들은 이 말에 대해 당장 이렇게 이의를 제기할 것이다. 그것은 견강부회식 어려움들일 뿐이다. 더 엄격하고 조심하는 양심이야말로 도덕적 인간의 특징적인 모습이다. 성자들이 스스로를 죄인이라고 부른다면 그들에게 특히 많이 다가오는 욕동 만족의 유혹이 많다는 점을 두고 볼 때 그리 부당하지도 않은 것이다. 알다시피 유혹은 가끔씩 만족시켜 주면 적어도 잠시 동안은 느슨해지지만 지속적으로 거부당하면 오히려 커지기 때문이다. 문제들로 가득 차 있는 윤리학 분야는 우리에게 또 다른 사실을 제시한다. 그것은 불운, 즉 외부의 힘에 의한 좌절은 초자아 속의 양심의 힘을 크게 강화한다는 사실이다. 인간에게 좋은 일만 있으면 양심도 누그러져서, 자아가 어떤 일을 해도 그냥 내버려 둔다. 그러나 불운이 닥치면, 인간은 내면으로 파고들어, 자신의 죄를 알고, 양심의 요구를 높이고, 금욕을 서약하고, 속죄 행위로 자신을 처벌한다.[38] 어느 나라 사람이든 이런 식으로 행동해 왔고, 지금도 마찬가지로 행동한다. 그러나 초자아에 투사된 뒤에도 없어지지 않고 그 옆에서 혹은 그 뒤에서 계속 유지되는 양심의 유아적 단계를 생각해 보면 이것은 쉽게 설명된다. 행운이나 불운 같은 운명은 부모 자리를 대체하여 작동된다. 우리가 불운을 겪으면 운명은 우리가 이 최고의 권력으로부터 사랑받고 있지 않다는 의미가 된다. 이 사랑 상실의 위기에 처해서 우리가 운이 좋았을 때는 등한시했던 초자아 속의 부모 대리자에게 다시 고개를 숙이게 된다. 이런 현상은 우리가 엄격한 종교적인 의미에서 운명을 오로지 하느님의 뜻이라고 볼 때 두드러진다. 이스라엘 백성은 자신들이 하느님의 특별한 자녀라고 믿었다. 이 위대한 아버지가 그 자녀에게 거듭된 불행을 주었을 때도 이 관계는 흔들리지

---

38 마크 트웨인은 불운으로 인한 도덕성의 강조를 「내가 처음 훔친 멜론」이라는 유쾌한 단편소설에서 다루고 있다. 처음 훔친 이 멜론이 우연히도 설익은 것이었다. 나는 마크 트웨인이 직접 이 소설을 낭독하는 것을 들었다. 그는 제목을 말한 뒤 잠시 말을 멈추더니 미심쩍은 듯 중얼거렸다. "그게 처음이었나?" 이 말은 모든 것을 말해 주었다. 그러니까 처음 훔친 멜론은 사실 처음이 아니었던 것이다.

않았고 하느님의 전능함과 그의 정의에 대해 의심하지 않았다. 오히려 그 백성 앞에서 그들을 꾸짖었던 예언자들을 만들었다. 그리고는 이 죄의식에서 제사장이 있는 종교의 지나치게 엄격한 율법들을 만들었다.[39] 참으로 기이하게도 이것은 원시인들의 행동과 얼마나 다른가! 원시인은 불운을 당해도 그것을 자기의 죄과로 돌리지 않고, 자신의 속죄를 다하지 않은 물신物神 탓으로 돌린다. 그리고 자신을 처벌하는 대신 그 물신을 두들겨 팬다.

그러므로 우리는 죄책감의 두 기원을 알게 되었다. 그 하나는 권위자에 대한 두려움에서 생겨난 것이고, 나중의 것은 초자아의 두려움에서 생겨난 것이다. 앞의 죄책감은 욕동 충족을 단념하도록 강요하고, 뒤에 오는 죄책감은 금지된 원망이 지속되는 것을 초자아한테는 감출 수 없기 때문에 그것 이외에 처벌까지도 요구한다. 우리는 또한 초자아의 엄격함, 그러니까 양심의 요구를 어떻게 이해할 것인가를 배웠다. 그것은 단순히 이미 떨어져 나와 부분적으로 대체된 외부의 권위자가 가진 엄격함을 지속하고 있을 뿐이다. 이제 우리는 욕동 포기가 죄의식과 어떤 관계에 있는가를 알 수 있다. 원래 욕동 포기는 외부 권위자에 대한 두려움이 낳은 결과였다. 우리는 외부 권위자의 사랑을 잃지 않으려고 욕동 충족을 단념했다. 이

---

39 역주: 이스라엘 백성과 하느님의 관계는 프로이트의 「그 사람 모세와 유일신교」에 더욱 자세히 설명되어 있다.

렇게 욕동을 포기하면 이제 그야말로 권위자와 비긴 셈이 되고, 죄책감은 남지 않을 것이다. 그러나 초자아에 대한 두려움과는 다른 상황이다. 거기서는 욕동을 자제하는 것만으로는 충분치 않다. 왜냐하면 원망이 지속되고, 초자아한테는 그것을 숨길 수 없기 때문이다. 따라서 욕동을 어렵게 포기해도 죄책감은 생긴다. 이것은 양심의 형성이라고 말할 수도 있는 초자아의 개입에 경제적으로 불리한 요인이 된다. 아무리 욕동을 단념해도 완전히 해방시키는 효과를 발휘하지는 못한다. 도덕적으로 훌륭한 금욕도 더 이상 사랑의 보장을 통해 보상받지 못한다. 외부에서 닥쳐올지도 모르는 불행을 —외부 권위자의 사랑을 상실하고 그에게서 처벌받는 것을— 끊임없는 내적 불행, 즉 죄의식의 긴장감과 맞바꾼 것이다.

이런 정황들은 실타래처럼 얽혀 있고 동시에 중요하기 때문에 반복의 위험을 무릅쓰고 또 다른 측면에서 논의하고자 한다. 말하자면 시간적인 순서는 다음과 같다. 제일 먼저 외부 권위자에게서 오는 공격에 대한 두려움의 결과로 생긴 욕동 포기, —물론 이 두려움은 사랑의 상실에 대한 두려움의 결과로 생긴 것이다. 사랑은 이 처벌의 공격을 막아 준다— 그 후 내면의 권위자가 확립되고, 내면 권위자에 대한 두려움, 즉 양심의 가책 때문에 욕동을 포기한다. 두 번째 경우에서는 악한 행위와 악한 의도가 같은 평가를 받고, 그래서 죄의식과 자기 처벌의 욕구가 생긴다. 양심의 공격은 권위자의 공격을 내포하고 있다. 여기까지는 명확히 이해되었지만, 양심을 강화하는 불운(외부에서 부과된 욕동 포기)의 영향력, 그리고 가장 선하고 가장 유순한 사람들의 특별한 양심은 어떻게 설명할까? 우리는 이미 양심의 두 가지 특징을 설명했지만, 그래도 그 설명들은 문제를 근본적으로 해결하지 못하고 아직 미진한 부분을 남겨 놓았다는 인상을 줄 수밖에 없다. 여기서 마침내 하나의 개념이 등장하는데 이것은 전적으로 정신분석에는 적절하나 일반적인 사람들의 사고방식에는 아주 낯설다. 이 개념을 우리가 이해하려고 하면 그것은 마치 대상이 아주 혼란스럽고 불투명한 데서 느끼는 바와 같다. 말하자면 이 개념은 처음에는 양심(좀 더 정확히 말하면 나중에 양심이 되는 불안)이 욕동 포기의 원인이지만, 나중에는 이 관계가 역전된다. 다시 말해서 모든 욕동 포기는 이제 양심의 역동적 원천이 되고, 욕동을 포기할 때마다 양심은 더욱 준엄해지고 비관용적이 된다. 그리고 우리가 양심의 발생사에 대해 알고 있는 것과 그것을 더 잘 조화시킬 수만 있다면, 이 모순적인 문장을 말하게 할 유혹을 받는다. 즉 양심은 욕동을 포기한 결과이다. 아니면 (외부가 우리에게 부과한) 욕동 포기가 양심을 만들고, 그 양심이 다시 욕동 포기를 요구한다.

실제로 앞에서 말한 양심의 발생에 대해 이 문장의 모순은 크지 않기에 우리는 그 모순을 줄이기 위한 길을 찾고자 한다. 더 쉽게 설명하기 위해 공격 욕동의 사례를 들어, 이 상황들에서는 항상 공격 포기가 문제가 된다고 가정해 보자. 물론 이것은 잠정적인 가정이다. 욕동 포기가 양심에 미치는 영향은 이렇게 진행된다. 우리가 만족을 중지한 모든 공격은 초자아에 받아들여져 (자아에 대한) 그 초자아의 공격성을 강화한다. 이것은 양심의 원천적 공격이 외부 권위자의 엄격함이 연장된 것이라는 사실, 따라서 욕동 포기와 관련이 없다는 사실과 일치하지 않는다. 이 불일치를 제거하려면 초자아가 처음으로 갖는 공격성이 다른 기원에서 온 것이라고 가정하면 된다. 아이는 자신의 첫 번째의, 그러나 중요한 욕구를 못 갖도록 방해하는 권위자에 대항하여 요구된 욕구 포기가 어떤 종류이든 간에 상당한 정도의 공격적 성향을 품을 것이다. 그러나 아이는 이 복수에 찬 공격을 강제당한 채 단념할 수밖에 없다. 아이가 이 공격할 수 없는 권위자를 자기 동일시를 통해 자신의 내면에 수용하고, 이 권위자는 초자아가 되어 아이로서 권위자에게 맘대로 휘두르고 싶었던 모든 공격을 점유하는, 이런 잘 알려진 메커니즘의 노정에서 아이는 이 어려운 리비도 경제의 상황을 빠져나온다. 아이의 자아는 그렇게 굴욕적인 권위자의 ─아버지의─ 슬픈 역할을 맡는 것으로 만족해야 한다. 여기서 상황의 역전이 일어나는데 그것은 매우 흔한 일로서 "내가 만약 아버지라면, 그리고 아버지가 아이라면, 나는 아버지를 호되게 다룰 거야"는 식이 된다. 초자아와 자아의 관계는 아직 분리되지 않은 자아와 외부 대상 사이의, 소원으로 탈루된 실제적 관계가 다시 회귀한 것이다. 이 또한 전형적인 것이다. 그러나 본질적인 차이는 초자아가 원래 갖고 있었던 엄격함이 아이가 아버지에게서 경험한 것이나 그에게 있는 것으로 추측한 것이 아니라 ─또는 그 정도로 많은 것이 아니라― 오히려 아버지에 대한 아이 자신의 공격을 대신한다. 이것이 옳다면 우리는 정말 처음에는 양심이 공격의 억압을 통해 발생했고, 이 양심이 계속된 과정에서 그런 새로운 억압들을 통해 강화된다고 주장할 수 있다.

이 두 가지 견해 중 어느 것이 옳은가? 발생론적으로 다툼의 여지가 없는 첫 번째 견해가 옳은가, 아니면 이론을 그처럼 완벽한 방법으로 정당화하는 두 번째 견해가 옳은가? 일견, 직접적인 관찰 결과도 그것을 입증하지만 두 견해가 모두 옳은 것 같다. 두 견해는 서로 모순되지 않으며, 한 지점에서는 오히려 일치하기까지 한다. 아이의 보복적 공격은 아이가 아버지에게 기대하는 처벌적 공격의 양을 통해 함께 결정되기 때문이다. 하지만 경험에 의하면 아이가 발달시키는 초자아의 엄격함은 그 자신이 직접 체험한 처벌의 엄격함을 그대로 보이지 않는다는 것을 알 수 있다.[40] 초자아의 엄격함은 처벌의 엄격함과는 관계가 없어 보인다. 관대한 부모 밑에서 자란 어린이도 엄격한 양심을 가질 수 있다. 그러나 이 무관함을 과장하는 것 또한 잘못일 것이다. 교육의 엄격함이 어린이의 초자아 형성에 강한 영향력을 행사한다는 것은 어렵지 않게 확신할 수 있다. 결국 초자아의 형성과 양심의 발생에는 타고난 기질적 요소와 현실적 환경의 영향이 함께 작용한다는 결론을 얻을 수 있다. 이것은 전혀 놀

40　멜라니 클라인을 비롯한 영국 정신 분석가들에 의해 강조된 부분이다.

랍지 않으며 오히려 그런 종류의 모든 과정에 등장하는 보편적인 병인론적 조건이다.[41]

아이가 처음으로 만난 압도적인 욕동 좌절에 대해 지나친 공격을 퍼붓거나 그에 상응하는 초자아의 엄격함으로 반응할 경우, 우리는 그 아이가 계통 발생적 전형을 따르는 것으로서 현재 사회에서 일반적으로 감당할 수 있는 반응을 넘어선다고 말할 수도 있다. 그 이유는 원시시대의 아버지는 분명 무시무시한 존재였고, 극단적인 정도의 공격을 가했을 것으로 추측할 수도 때문이다. 양심의 발생에 대한 이 두 가지 견해의 차이는 우리가 개체 발생적 관점에서 계통 발생적 관점으로 넘어가면 훨씬 더 줄어든다. 그 대신 이 두 가지 발달 과정들에는 새롭고도 의미심장한 차이를 찾아볼 수 있다. 인류의 죄책감은 오이디푸스 콤플렉스에서 생겨났고 형제들이 힘을 합쳐 아버지를 살해하면서 획득된 것이라는 가정을 벗어날 수 없다. 그때는 공격이 억압되지 않고 그대로 실행되었는데, 그 공격을 억압

---

41 프란츠 알렉산더는 그의 저서 『전인격의 정신분석』(1927)에서 병리학적 교육 방법의 두 가지 유형, 즉 과도한 엄격함과 방임의 유형에 대해 방임에 관한 아이히호른의 연구와 관련지어 적확하게 그 가치를 평가했다. "과도하게 너그럽고 응석고 받아 주는 아버지"는 자녀에게 지나치게 엄격한 초자아가 형성되게 한다. 그 이유는 아이가 받고 있는 과분한 사랑 때문에 아이는 자신의 공격성을 내면으로 돌리는 것 이외에 다른 배출구가 없기 때문이다. 이와는 반대로 사랑 없이 아이가 제멋대로 자란 경우에는 자아와 초자아 사이에 긴장 관계가 생기지 않기 때문에, 그들의 공격 모두를 외부로 돌릴 수 있다. 따라서 기질적 요인을 도외시한다면, 엄격한 양심은 두 가지 삶의 영향들, 즉 공격성을 풀어놓는 욕동 거부와 공격을 내부로 돌려 초자아에 전이하는 사랑받는 경험의 조합에서 발생한다.

한 것이 아이에게서 죄책감의 원천이 되었다. 그러면 이제 독자들이 성난 목소리로 "그러니까 사람이 아버지를 죽이든 말든 상관없이 어떤 경우에도 죄책감을 갖게 된다는 거로군요! 여기서 몇 가지 의혹을 제기할 수 있어요. 죄책감이 억압된 공격들에서 발생된다는 주장이 틀렸거나, 아니면 아버지 살해에 대한 이야기는 모두 꾸며 낸 소설이고 원시인들은 오늘날 사람이 죽이는 것보다 더 많이 아버지를 죽이지 않았다는 뜻이 됩니다. 나아가 그것이 꾸며 낸 허구가 아니라 명백한 역사라면, 우리는 누구나 당연하게 생각하는 하나의 사건을 보게 됩니다. 다시 말하자면 결코 정당화할 수 없는 일을 행했기 때문에 죄의식을 느끼는 것이지요. 그리고 언제나 일상에서 일어나는 이 사건에 대해 정신분석은 아직까지 어떤 설명도 제시하지 못하고 있습니다"라고 외친다 해도 나는 놀라지 않을 것이다.

이것은 진실이고, 더구나 우리는 이런 논리의 틈을 보충해야 한다. 그러나 이 문제가 특별한 비밀에 싸여 있는 것도 아니다. 우리가 어떤 나쁜 짓을 저지른 뒤에, 혹은 그 이유 때문에 죄책감을 갖는다면, 그 감정을 우리는 후회라고 이름 붙여야 할 것이다. 이 말은 실제의 행위를 말하고, 이것은 물론 양심, 즉 죄책감을 느낄 준비가 이미 그 행위 이전에 존재했다는 것을 전제로 한다. 그런 후회라는 말은 양심과 죄책감 일반의 기원을 찾는 데에는 전혀 도움이 되지 못한다고 할 수 있다. 이런 일상적인 현상의 발생은 일상적으로 욕동의 욕구가 강도를 얻으면, 그 강도에서도 그저 제한된 양심에 대항한 그 욕구의 충족이 실행될 수 있다는 것을 말한다. 그리고 충족을 통한 그 욕구의 자연스런 약화와 함께 전과 같은 힘의 관계가 재생된다는 것을 말한다. 후회로부터 나온 죄책감이라는 사건이 아무리 자주 일어나고 그 실제적 의미가 아무리 크다 하더라도 정신분석이 이런 논의에서 배제한 것은 잘한 일이다.

그러나 인간이 가진 죄책감을 원시적 아버지 살해까지 거슬러 올라가 보면, 그것도 결국 "후회"라는 사건에 불과했다. 그리고 이 전제조건에 따라 당시에는 행위가 있기 전의 양심과 죄책감은 존재하지 않았을까? 이 경우 후회는 어디서 온 걸까? 분명 이 사건은 죄책감의 비밀을 밝혀 주고, 우리의 혼란에 마침표를 찍을 것임에 틀림없다. 그리고 나는 이 문제가 실제로 그렇게 해 준다고 믿는다. 후회는 아버지에 대한 원시적 양가감정의 결과였다. 아들들은 아버지를 증오했지만 그를 사랑하기도 했다. 공격을 통해 증오가 해소되자 이번에는 그 행위에 대한 후회의 형식으로 사랑이 전면에 등장했고, 사랑은 아버지와의 동일시를 통해 초자아를 세웠고, 아버지에 대한 공격 행위를 처벌이라도 하는 것처럼 그 초자아에게 아버지의 권위를 부여했다. 그리고 그 행위의 반복을 막을 제약들을 만들었다. 그리고 아버지에 대한 공격 성향은 그 다음 세대에도 여전히 반복되었기 때문에 죄책감도 존속되었고, 억압되어 초자아에게 전이된 모든 공격이 있을 때마다 새로이 강화되었다. 이제 우리는 최종적으로 두 가지를 아주 분명하게 파악할 수 있게 되었다는 생각이 든다. 하나는 양심의 발생에서 사랑이 맡은 역할이고, 또 하나는 죄책감의 숙명적 불가피함이다. 아버지를 죽였느냐 아니면 그 행위를 중지했느냐 하는 것은 결정적으로 중요한 것이 아니다. 어떤 경우든 우리는 죄책감을 느끼게 된다. 그 이유는 죄책감은 양가적 갈등의 표현, 즉 에로스와 파괴 욕동과 죽음 욕동 사이의 영원한 투쟁의 표현이기 때문이다. 이 갈등은 인간에게 공동생활이라는 과제가 주어지면서 이런 갈등에 불을 붙이기 시작한다. 그리고 공동체가 오직 가족의 형식만 아는 이상, 이 갈등은 오이디푸스 콤플렉스로 나타나고, 양심을 가동하고 최초의 죄책감을 만들어 낼 수밖에 없다. 공동체의 확대가 이루어지면 과거에 종속되는 똑같은 갈등이 계속되고, 강화되어 죄책감을 더욱 강화하는 결과를 낳는다. 문화는 인간 내면의 충동에 복종하여 인간을 내적으로 결속된 집단으로 연합하려 하기 때문에, 죄책감을 더욱 강화해야만 집단 형성이라는 목표에 도달할 수 있다. 아버지에서 시작된 것이 집단에서 완성된다. 문화가 가족에서 인류로 나아가는 필연적인 발달 과정이라면, 함께 배태한 양가적 갈등의 결과로서, 사랑과 죽음충동 사이의 영원한 불화의 결과로서 죄책감의 강화는 문화와 불가분의 관계에 있고, 개인이 참을 수 없는 수준까지 도달하게 된다. 우리는 위대한 시인 괴테가 "천상의 힘들"에 대해 한탄한 감동적인 시구를 떠올릴 수 있다.

그대 천상의 힘들은 우리 인간들을 삶으로 끌어들였지만

가난한 자들에게 모든 책임을 지게 하고

그것도 모자라 괴로움에 시달리게 하는구나

그래, 지상의 모든 죄 업보를 치르는구나[42]

자기 자신의 감정의 소용돌이에서 심오한 통찰을 힘들이지 않고 건져 내는 개별자들이 존재했음에 비해, 그런 인식을 얻으려고 우리 네 같은 다른 사람들은 고통스런 불안과 쉼 없는 미망 속에서 길을 찾으려고 더듬거릴 뿐이라는 것을 알면 절로 한숨이 나올 일이다.

---

42 괴테 『빌헬름 마이스터의 수업시대』에서 하프 타는 노인의 노래.
  역주: 빌헬름이 연극 배우들과 계속 유랑을 할 것인지, 아버지의 일을 도울 것인지 결정하지 못하고 필리네와의 감정도 정리하지 못하여 갈팡질팡할 때, 하프 타는 노인의 노래라도 듣고 울적한 기분을 풀기 위해 그 노인의 숙소로 갔을 때 마침 그 노인이 이 노래를 불러 준다. (『빌헬름 마이스터의 수업시대』 제2권 13장.) 원문 "Ihr führt in's Leben hinein. / Ihr lasst den Armen schuldig werden, / Dann überlasst Ihr ihn der Pein, / Denn jede Schuld rächt sich auf Erden."

8장

이런 길을 모색하는 마지막 장에 이르러, 나는 독자들에게 좀 더 세련된 안내자가 되지 못한 점, 황량한 노정과 힘든 우회로를 피하도록 하지 못한 점에 대해 용서를 구하여야 할 것이다. 내가 좀 더 잘할 수 있었다는 데는 의심의 여지가 없다. 나는 이제서나마 그것을 만회하도록 해 보겠다.

　우선 나는 죄책감에 대한 언급이 이 논문의 틀을 벗어났으며, 또한 이 논의가 너무 많은 양을 차지하고 있어서, 그 논의와 내적인 관계가 없는 다른 중요한 내용들은 가장자리로 밀려났다는 느낌을 독자들이 받았으리라는 생각이 든다. 이는 내 논문의 구성을 망쳤을지는 모르지만, 죄책감이 문화 발달에 가장 중요한 문제임을 적시하고, 문화의 진보에 대한 대가가 죄책감의 고조를 통한 행복의 상실에서 치러진다는 나의 생각과 서술에 부합하고 있다.[43] 우리 연구의

43　"그리하여 양심 때문에 우리들 모두는 비겁한 자가 되어 버리고 …"(역주: 『햄릿』 제3막 제1장. 84-85행).
　성욕이 청소년에게 어떤 역할을 하는지 오늘날 교육이 감추는 것이 우리가 오늘날 교육에 대해 던지는 유일한 비난만은 아니다. 그 이외에도 장래에 공격의 대상이 될 운명에 놓여 있는 청소년들로 하여금 그 공격에 대한 준비를 시키지 않는다는 점도 비난해야 할 일이다. 그 교

결론인 이 명제에서 아직도 이상하게 들리는 것은 우리의 의식과 맺은 아주 독특한, 아직 완전히 해소되지 않은 죄책감의 관계 때문에 생긴 것일 가능성이 많다. 평범한, 그리고 우리에게 정상적으로 여겨지는 후회의 사건들을 보면 의식이 지각할 수 있을 정도로 분명하다. 그래서 우리는 죄책감이라는 말 대신에 "죄의식"이라고 말하는 데 익숙하다. 정상적인 것이 무엇인가를 이해하기에 귀중한 지침을 주는 신경증 연구로부터 모순에 찬 관계들이 발생한다. 이런 질병들 중의 하나인 강박신경증의 경우 죄책감이 과도하게 의식에 밀려온다. 그리곤 이 죄책감이 병증과 환자의 삶을 지배하고 그 죄책감 이외의 것이 자기 옆에 나타나지 못하게 한다. 대부분의 다른 신경증들과 형식들에서 죄책감은 완전히 무의식적으로 남아 있지만, 의식되지 않는다고 해서 그 죄책감이 미치는 영향이 미미한 것은 아니다. 우리가 환자들에게 그들이 "무의식적 죄책감"을 갖고 있는 것 같다고 말해도 그들은 믿으려 하지 않는다. 우리는 그들이 조금이라도 우리를 이해할 수 있도록, 그들이 무의식적인 자기 처벌의 욕

육이 청소년을 잘못된 심리교육으로 인도하는 것은 북극 탐험을 하러 가는 사람에게 여름 옷과 북이탈리아 호수들이 있는 지도를 주는 것과 다를 바 없는 교육이다. 여기에서 윤리적 요구가 오용되고 있다는 점이 분명히 드러난다. 인간이 행복해지고 남을 행복하게 해 주어야 한다. 그러나 사실 인간이 그렇지 않다는 점을 고려해야 한다고 교육이 말한다면, 그런 윤리적 요구의 엄격함은 크게 해가 되지 않을 것이다. 그렇게 하는 대신 다른 모든 청소년들은 윤리적 명령을 따르고 정결하다는 것을 믿게 한다. 이렇게 되면 우리는 그도 또한 그렇게 되어야 한다는 요구를 정당화하는 것이다.

구가 있으며 이것은 죄책감으로 드러난다고 말해 준다. 그러나 신경증 형식과의 관계가 과대평가되어서는 안 된다. 강박신경증 유형의 환자들 중에도 자신의 죄책감을 전혀 의식하지 못하거나 어떤 행동을 수행하는 데 방해를 받을 때야 비로소 고통스러운 불쾌, 즉 일종의 두려움을 느끼는 경우가 있다. 결국에 가서는 이런 것들이 다 이해될 수 있겠지만, 아직은 아니다. 여기서는 죄책감이 근본적으로 불안의 한 변종에 불과하지만, 나중 단계들에서는 "초자아에 대한 불안"과 완전히 일치한다는 지적 정도만 하면 된다. 의식과의 관계를 맺을 때 마찬가지의 비정상적인 변주들이 불안에서도 나타난다. 모든 증상 뒤에는 어떤 식으로든 불안이 숨어 있지만, 때로는 이 불안이 소란스럽게 의식을 온통 지배해 버리는 경우도 있고, 때로는 완벽하게 자신을 감추고 있어, 우리가 그것을 어쩔 수 없이 무의식적 불안 또는 —불안은 무엇보다도 먼저 느낌이기 때문에 우리가 심리학적으로 좀 더 깨끗한 양심을 갖고 싶으면— 불안의 가능성이라고 말할 수밖에 없다. 그 때문에 문화를 통해 생성된 죄의식 또한 그 자체로 인식되지 않고, 대부분 무의식 상태로 남아 있거나 아니면 불쾌나 불만족으로 모습을 보여, 우리가 그 동기를 다른 곳에서 찾을 수밖에 없을 가능성이 있다. 적어도 종교는 죄책감이 문화 속에서 맡고 있는 역할을 간과하지 않았다. 종교는 내가 다른 곳에서 충분히 설명하지는 못했지만,[44] 인류를 종교에서 죄라고 부르는 이 죄책감에서 구원해야 한다는 요구로 등장한다. 기독교에서 이 구원이 얻은 방식, 즉 한 사람의 희생이 세상의 모든 죄를 떠맡는다는 방식에서 우리는 문화를 만든 계기가 된 이 원죄가 어떻게 생겨나게 됐는지 동기를 추론할 수 있었다.[45]

우리가 초자아, 양심, 죄책감, 처벌 욕구, 후회 같은 몇몇 용어들의 의미를 설명하면서 경우에 따라 느슨하게 사용하거나 다른 것에 붙여 잘못 사용하기도 한 것이 그렇게 중요하지도 않겠거니와 너무 많지는 않을 것이다. 이 모든 용어들은 같은 상황을 두고 다른 측면들을 말하는 것일 뿐이다. 초자아는 우리가 추론한 심급이고 양심은 우리가 거기에 부여한 하나의 기능이다. 이것은 자아의 행위와 의도들을 감시하고 판단한다. 말하자면 하나의 검열행위를 실행한다. 그러므로 초자아의 고집스러움이라 할 수 있는 죄책감은 양심의 엄격함과 동일한 것이며 자아에 부여된 지각이어서 그런 식으로 감시받으며, 자아는 자기가 지향하는 것과 초자아의 요구 사이에서 생겨나는 긴장에 대한 평가다. 이 비판적 심급에 대해서 모든 관계의 기초를 이루는 두려움은 가학적 초자아의 영향으로 피학적이 된 자아의 욕동 표현이다. 다르게 말하면 그것은 초자아에 대한, 성적 결부에 대한 자아 속에 내재하는 내면적 파괴 욕동의 일부를 사용한다. 초자아가 증명될 때까지 우리는 양심에 대해 말할 수 없다. 우리

---

44 「환영의 미래」(1927)를 말한다.
45 「토템과 터부」(1912) (피셔판 전집 제9권).

는 죄책감에 관해서 그것이 초자아보다 먼저 존재하며, 따라서 양심보다도 먼저 존재한다는 것을 시인해야 한다. 죄책감은 외부 권위자에 대한 두려움의 직접적 표현이고, 자아와 그 권위자 사이에 긴장이 존재한다는 것을 인정하는 것이다. 죄책감은 사랑에 대한 욕구와 금지되면 공격 성향을 만들어 내는 욕동 충족의 충동 사이에서 생겨난 갈등의 직접적인 파생물이다. 죄책감이 갖고 있는 이 두 가지 층위는 ―외부 권위자와 내부 권위자에 대한 두려움의 층위는― 양심의 관계들에 대한 여러 가지 통찰들을 어렵게 한다. 후회는 죄책감을 느낄 경우 자아의 반응을 일반적으로 지칭하는 용어로서, 죄책감의 뒤에서 작용하고 있는 불안의 감각적 재료가 약간 변형된 형태로 포함되어 있으며, 그 자체가 처벌이지만, 자기 처벌의 욕구를 포함할 수 있다. 말하자면 후회 역시 양심보다 오래된 것일 수 있다.

우리의 논의 과정에서 잠시 우리를 헷갈리게 한 몇 가지 모순들을 다시 한번 살펴보는 것도 해롭지 않을 것이다. 죄책감은 과거에 '중단했던 공격'으로 인해 생긴 결과였다. 하지만 그것의 역사적 시작점, 즉 아버지 살해의 시점에서 봤을 때는 바로 그 죄책감이 '실행했던 공격'으로 인해 생긴 결과였다. 우리는 이 어려움에서 벗어날 출구를 발견했다. 내면 권위자의 설정, 즉 초자아의 설정이 바로 상황들을 근본적으로 바꾸어 놓았다. 그 이전에 죄책감은 후회와 동일한 것이었다. 그리고 알아 두어야 할 것은 후회라는 표현은 실제적 공격의 실현 후에 오는 반응을 가리킬 때에만 쓰인다는 점이다.

그 후에는 초자아의 전능함으로 인해 의도한 공격과 수행한 공격 사이의 구별이 의미를 잃어버렸다. 이제 실제적으로 수행된 폭력만이 아니라 —누구나 다 알고 있듯이, 정신분석이 인식하였듯이— 단순히 마음에 품었던 것도 죄책감을 만들어 낸다. 심리학적 상황 변화를 넘어 두 원욕동의 양가 갈등은 각자의 효과를 낳는다. 우리는 여기서 죄책감과 의식의 다양한 관계가 갖는 비밀을 해결하고 싶은 유혹을 느낀다. 악한 행동에 대한 후회에서 나온 죄책감은 항상 의식되는 반면, 악한 충동을 지각한 결과로 생겨나는 죄책감은 무의식 상태로 남을 수 있다. 그러나 사정은 그렇게 단순하지 않다. 강박신경증이 여기에 강력한 반론을 제기한다. 두 번째 모순은 초자아가 부여받은 것으로 추정된 공격 에너지가 어떤 견해에 따르면 외부 권위자의 처벌 에너지를 지속시켜 정신적 삶을 위해 유지한다고 하고, 다른 견해에 따르면 그것은 사용되지 않은, 억제하고 있는 권위자에 대해 쓸 자신의 공격이라고 하기도 한다. 첫 번째 견해는 죄책감의 역사에, 두 번째 견해는 죄책감의 이론에 편리한 것처럼 보였다. 외견상 양립할 수 없는 것처럼 보이는 이 모순은 좀 더 면밀한 고찰로 인해 거의 다 해결되었다. 본질적이고 공통적인 요소로 남은 것은 두 경우가 모두 내부로 방향을 돌린 공격을 다루고 있다는 점이다. 임상적 관찰을 해 보면 초자아의 속성인 공격의 두 가지 원천을 구별할 수 있는데, 개별적 경우에 있어서는 어느 한쪽이 주도권을 장악하기도 하지만, 일반적으로는 양자가 공동으로 작용한다.

내가 앞에서 잠정적 가정이라고 한 생각을 이제 진지하게 언급할 때가 온 것 같다. 최근의 정신분석 논문을 보면, 모든 종류의 거부, 모든 방해받은 욕동 충족은 죄책감을 고조시키거나 고조시킬 수 있다는 견해를 선호하는 것 같다.[46] 이 견해를 공격 욕동에만 적용되는 것으로 간주하면 이론이 아주 간결해질 것이고, 모순점도 거의 발견되지 않을 것이다. 충족되지 않은 성적 욕구 자리에 죄책감의 고조가 등장하는 까닭을 리비도 역동적으로, 리비도 경제적으로 어떻게 설명할 수 있을까? 이것은 성적 만족의 장애는 성적 만족을 방해한 사람에 대한 공격 성향을 유발하고, 그리고 이번에는 다시 이 공격 자체가 억압되어야 한다는 우회로에서만 가능할 듯하다. 그러나 그렇게 되면 결국 죄책감으로 변화하는 것은 공격뿐으로 이 공격이 억압되어 초자아로 넘겨진다. 우리가 죄책감의 원천을 탐구할 정신분석의 발견이 공격 욕동에만 제한된다면 나는 많은 과정을 더 단순하고 명확하게 설명할 수 있다고 확신한다. 임상자료를 살펴보아도 이에 대한 명쾌한 해답을 얻을 수 없다. 그 이유는 우리의 전제에 따라 두 욕동의 종류가 순수하게 서로 분리되어 나타나는 일은 거의 없기 때문이다. 그러나 극단적인 경우들을 인정한다면 아마내가 기대하는 방향으로 갈 것이다. 나는 좀 더 엄격한 이 견해를 억

---

46 누구보다 어니스트 존스와 수전 아이잭스와 멜라니 클라인이 이 견해를 가지고 있다. 그리고 내 생각으로는 라이크와 알렉산더도 그렇다.

압과정에 적용하여 거기에서 첫 성과를 도출하고 싶은 유혹에 끌린다. 이미 알고 있듯이 신경증의 증상들은 본질적으로 충족되지 않은 성적 원망의 대리 만족이다. 정신분석 작업의 과정에서 우리는 놀랍게도 모든 신경증 환자가 상당량의 무의식적 죄책감을 숨기고 있으며, 이 죄책감은 다시 신경증 증상을 처벌 수단으로 이용함으로써 고착된다는 사실을 경험했다. 이렇게 되면 다음과 같은 명제를 말해도 될 듯해 보인다. 욕동 지향이 억압에 지배를 받으면 리비도적 요소는 증상으로 바뀌고 공격적 요소들은 죄책감으로 바뀐다. 이 명제가 평균적 진실에 불과하다 해도 우리의 관심을 끌기에 충분하다.

이 논고를 읽는 많은 독자는 에로스와 죽음 욕동의 투쟁이라는 공식을 너무 많이 들었다는 인상을 받을지도 모른다. 이 공식은 인류가 겪는 문화 과정을 특징짓는 것으로 개개 인간의 발달과도 연관이 있고 그 외에도 유기적 생명의 비밀을 전반적으로 밝혀 준다. 이 세 가지 과정의 상호 관계를 연구하는 것은 불가피한 것으로 보인다. 인류의 문화 과정과 개인의 발달 모두 다 삶의 과정이라는 점, 말하자면 삶의 가장 일반적인 특징을 공유하고 있다는 점을 고려하면, 같은 공식이 되풀이되는 것은 정당화된다. 다른 한편으로 바로 그런 이유 때문에 이 일반적 특징의 증거는 특별한 조건으로 제한되지 않는 한, 그 구분에 아무런 기여를 하지 못한다. 우리는 문화 과정을 에로스가 제시하고 아난케, 즉 현실적 궁핍에 자극받은 과제의 영향 하에서 경험한 삶의 과정이 적응한 것들이라고 보는 것으로 만족할 수밖에 없다. 그리고 그 과제는 개개의 인간을 리비도적 유대로 묶인 공동체로 연합하는 것이다. 그러나 인류의 문화 과정과 개인의 발달 또는 교육 과정의 관계를 파악해 보면, 두 과정이 비록 다른 대상들에서 일어나는 아주 같은 과정은 아닐지라도 아주 비슷한 속성을 갖고 있다는 흔들림 없는 결론을 내릴 수 있을 것이다. 물론 인류의 문화 과정은 개인의 발달보다 더 고차원적인 추상화 단계이기에 구체적으로 파악하기가 더욱 어렵다. 그래서 너무 과도하게 두 과정의 유사성을 찾아내려고 해서도 안 된다. 그러나 목표들의 유사성에 있어서 ―한쪽에서는 각각의 개인을 인간 집단으로 분류하고, 다른 쪽에서는 수많은 개인으로부터 집단 단위를 만들어 내는 것― 그 목표를 위해 사용된 수단들과 그 결과로 나타나는 현상들이 유사한 것은 결코 놀라운 일이 아니다. 두 과정을 구분하는 특성은 그것이 가지는 특별한 의미 때문에 언급하지 않은 채 오래 두는 것이 좋지 않다. 개개인의 발달 과정에는 쾌감만족을 얻기 위한 쾌감 원칙의 기획이 주된 목표로 고정되어 있다. 인간 공동체에 편입하거나 적응하는 것은 이 쾌감목표가 달성되기 위해서 반드시 충족되어야 할 거의 회피할 수 없는 조건처럼 보인다. 이 기획의 조건 없이 목표가 달성될 수만 있다면 더욱 바람직할 것이다. 환언하면, 개개인의 발달은 우리에게 두 가지 욕구, 즉 우리가 흔히 "이기적"이라고 부르는 쾌감을 얻으려는 욕구와 우리가 "이타적"이라고 부르는, 공동체 내에서 타인들과 연합하려는 욕구가 이루는 상호작용의 산물처럼 보인다. 그러므로 이런 표현들은 피상성을 크게 넘어서지 않는다. 앞에서도 언급했듯이, 개개인의 발달 과정에서는 주로 이기적 쾌감추구에 방점이 찍히고, "문화적"이라고 부를 수 있는 다른 추구는 대개 제한하는 역할로 만족한다. 문화의 과정은 다르다. 여기서는 개별적 인간들로 이루어진 연합을 창조하려는 목표가 어디까지나 가장 중요한 일이다. 여기에도 만족감을 주려는 목표가 있기는 하나 그것은 배경으로 밀려난다. 우리가 개개인의 만족감을 고려할 필요가 없다면, 거대한 인간 공동체가 가장 잘 만들어질 수 있는 것처럼 보일 정도다. 개인의 발달 과정은 인류의 문화 과정에서 다시 찾아볼 수 없는 특별한 현상들을 갖고 있다고 볼 수 있다. 다만 전자의 과정이 공동체와의 연결을 목표로 삼을 경우에만 후자의 과정과 일치할 필요가 있다.

행성이 자신의 축을 중심으로 자전하면서 동시에 중심이 되는 천체 주위를 공전하는 것처럼, 개개의 인간도 자신의 독자적인 인생길을 가면서 동시에 인류 전체의 발달 과정에 참여한다. 그러나 우리의 나쁜 눈에는 천체에 있는 운행의 유희가 영원히 같은 질서로 고착되어 있는 것처럼 보인다. 유기체적 사건에서도 마찬가지로 우리는 그 힘들이 서로 경쟁하며 그 갈등의 결과들이 끊임없이 변화하는 것을 볼 수 있다. 마찬가지로 모든 개인에게서도 개인적 쾌감을 얻으려는 욕구와 타인들과 결속하려는 욕구가 서로 싸우고 있을게 분명한 만큼, 개인의 발달 과정과 문화 발달도 서로 적대적으로 만나고 상대에서 서로 영역을 빼앗으려고 투쟁한다. 그러나 개인과 사회 사이에서 벌어지는 이 투쟁은 에로스와 타나토스라는 영원히 화해할 수 없는 두 원욕동들의 대립에서 생겨난 것은 아니다. 그것은 리비도 경제학 안에서 벌어지는 불화로서, 리비도의 분배를 둘러싼 자아와 대상 사이의 투쟁과 비교할 수 있다. 그리고 이 투쟁은 문화의 미래에도 일어나길 바라지만, 개인한테서는 종국적으로 화해될 수 있고, 아마도 현재로서는 개인의 삶을 너무 어렵게 하고 있는 것 같다.

문화 과정과 개인의 발달 노정 사이의 유사성은 또 한 가지 중요한 면을 포함하고 있다. 말하자면 우리는 공동체도 역시 개인과 마찬가지로 문화 발달에 영향을 미치는 초자아를 형성할 수 있다는 주장이다. 이 유사성을 자세히 추적하는 것은 인류 문화에 정통한 사람에게는 매력적인 과제가 될 것이다. 나는 눈에 띄는 몇 가지만 강조하도록 하겠다. 어떤 시대의 문화가 갖는 초자아는 개인의 초자아와 비슷한 기원이 있다. 그 초자아는 위대한 지도적 인물들, 이를테면 압도적인 정신력을 가진 사람이나 인간의 여러 가지 노력 가운데 하나를 가장 강력하고 가장 순수하며, 그 때문에 종종 독창적이기도 한 업적을 세운 인물들이 남긴 인상에 바탕을 두고 있다. 이 인물들이 ─항상 그렇지는 않더라도 아주 흔히─ 살아 있을 때, 원시 아버지가 폭력적으로 죽고 난 한참 뒤에야 비로소 신으로 승화된 것과 마찬가지로 다른 사람들의 조롱을 받고 학대를 받거나 잔인한 방법으로 제거되기까지 했다는 점에서 보면 유사성은 다양한 경우들에서 발견된다. 이런 운명적 결부를 보여 주는 가장 감동적인 예는 예수 그리스도라는 인격으로서 그는 신화에 속한 인물은 아니지만 그 원시적 사건에 대한 희미한 기억에 의지하여 그 인격을 소생시켰다. 다른 일치점은 문화 초자아가 개인 초자아처럼 엄격한 이상의 요구를 하여 그것을 따르지 않을 시 "양심의 불안"이라는 것으로 처벌한다는 것이다. 여기서 기이한 일이 생기는데, 그것은 여기에 속한 심리적 과정들이 개인보다 집단에서 나타나는 경우에 더 익숙하고 의식에 받아들이기에도 더 쉽다는 점이다. 개인의 경우, 긴장이 발생하면 초자아의 공격들이 비난으로 요란한 소리를 내지만 그 초자아의 요구들 자체는 종종 무의식적으로 배경에 머물고 있다. 그 요구들을 의식의 전면으로 가져오면, 이들이 당시 문화 초자아의 규범들과 일치한다는 것을 알 수 있다. 이 지점에서 소위 말하는 두 과정, 즉 집단의 문화 발달 과정과 개인의 문화 발달 과정은 언제나 서로 결부되어 있다. 그 때문에 초자아의 많은 현상과 특성은 각각의 개인보다 문명 공동체 속의 그 행위에서 더 쉽게 인식할 수 있다.

문화-초자아는 자신의 이상을 형성해 왔고 이제 자신의 요구들을 제시한다. 그런 요구들 가운데 인간 상호 간의 관계에 대한 요구들은 윤리라고 요약할 수 있다. 마치 어느 시대에나 바로 이 윤리로부터 특히 중요한 업적을 기대하기라도 했던 것처럼 윤리에 가장 큰 가치가 부여되어 왔다. 그리고 실제로 윤리는 모든 문화의 가장 큰 상처가 난 부분으로 쉽게 찾아볼 수 있는 문제를 향하고 있다. 그러므로 윤리는 치료적 노력이라 할 수 있다. 그러니까 이때까지 다른 문화적 작업으로 이루지 못한 일을 초자아의 계명으로 달성하려는 노력이라고 볼 수 있다. 우리는 이미 문화의 가장 큰 장애가 인간 상호 간의 기질적 공격 성향을 제거하는 것이며, 바로 이 때문에 우리는, 초자아의 문화적 계명 가운데 ―단언컨대― 가장 근자의 계명, 네 이웃을 네 몸과 같이 사랑하라는 데 특별한 관심을 갖고 있다. 신경증 연구와 치료에서 개인의 초자아를 두고 두 가지 비난을 하기에 이른다. 개인의 초자아는 복종에 대한 저항, 이드 욕동의 강도, 현실적 환경의 어려움을 충분히 고려하지 않으면서, 엄격한 계명을 내리고 금지만 할 뿐 자아의 쾌감에는 별로 신경 쓰지 않는다. 그 결과 우리는 치료를 할 때 자주 초자아와 싸워야 하고, 초자아의 요구 수준을 낮추지 않으면 안 된다. 문화-초자아의 윤리적 요구에 대해서도 이와 아주 유사한 항변을 할 수 있다. 이 문화-초자아는 인간의 심리적 기질의 실제에 대해서는 별로 신경을 쓰지 않는다. 문화-초자아는 계명만 제시할 뿐, 사람들이 그 계명을 지킬 수 있을지 묻지 않는다. 나아가 문화-초자아는 인간의 자아에 부과되는 모든 것을 심리적으로 이룰 수 있고, 자아가 자신의 이드에 대해 무제한적 통제력을 갖고 있다고 생각한다. 이것은 오류다. 소위 말하는 정상인들조차 특정한 한계를 넘어서는 통제할 수 없다. 더 많은 것을 요구하면, 그는 반항을 하든지 신경증에 걸리든지 불행해질 것이다. "네 이웃을 네 몸과 같이 사랑하라"는 계명은 인간의 공격 본능을 막는 가장 강한 방어책이고 문화-초자아의 비심리학적 처분 방식을 보여 주는 좋은 보기다. 이 계명은 수행할 수 없다. 사랑을 그처럼 거대하게 부풀리면 사랑의 가치만 떨어뜨릴 뿐, 그 위기를 제거할 수는 없다. 그런데 문화는 그 모든 것을 등한시한다. 그 계명을 따르기가 어려우면 어려울수록 더 가치가 있는 일이라는 말을 그저 마음에 새기게 할 뿐이다. 그러나 현재의 문화 속에서 그런 계명을 지키는 사람은 그 계명을 무시하는 사람에 비해 불리할 뿐이다. 공격을 막는 것도 공격 자체만큼이나 불쾌를 초래할 수 있다면, 공격을 막는 문화적 장벽도 폭력적임에 틀림없다! 이른바 자연적 윤리는 자신을 타인보다 더 나은 사람으로 여길 수 있다는 자기애적 만족 이외에는 아무것도 제공해 주지 못한다. 종교에 의존하는 윤리는 여기서 보다 나은 내세에 대한 약속을 들먹인다. 그러나 내 생각에는 이 땅에서 선행이 보상받지 못하는 한, 윤리를 설파하는 것이 무슨 의미가 있겠는가. 그리고 나는 소유에 대한 인간의 관계에 진정한 변화가 일어나는 것이야말로 어떤 윤리적 계명보다도 더 도움이 된다는 것을 의심치 않는다. 그러나 사회주의자들 사이에서 나온 이런 인식은 인간 본성에 대한 새로운 관념론적 오해로 인해 흐릿해짐으로써 실제 수행에는 무가치하게 되어 버렸다.

문화 발달이라는 현상 속에서 초자아가 맡고 있는 역할을 추적하려는 연구 방식이 다른 많은 이론을 열어 줄 가능성이 있다. 이제 곧 글을 맺어야 함에도 피할 수 없는 의문이 하나 생긴다. 문화 발달이 개인의 발달과 상당한 유사성을 갖고 있다면, 그리고 문화 발달이 개인의 발달과 같은 수단으로 작동한다면, 많은 문화가 — 또는 문화시대들이, —어쩌면 전 인류가— 문화 욕구의 영향하에서 "신경증적"으로 변해 버렸다는 진단을 내려야 하지 않을까? 이런 신경증을 하나하나 분석해 보면 큰 실용적 관심을 거둘 수 있는 치료적 처방들을 도출해 낼 수 있을지도 모른다. 정신분석을 문화 공동체에 전이하려는 이런 시도가 의미 없거나 아무런 결실을 거둘 수 없다고 낙인찍지는 않겠다. 그러나 우리는 신중해야 하고, 우리가 다루는 것은 결국 유사성에 불과하다는 사실, 그리고 인간들에게서만이 아니라 개념들에서도 이것들이 발생하고 발달한 영역에서 떼어 내는 것은 위험하다는 사실을 잊어서는 안 된다. 또한 공동체의 신경증을 진단할 때는 특별한 어려움에 부딪힌다. 개인의 신경증을 다룰 때는 환자가 그의 "정상적인" 환경으로부터 구별되는 대조를 진단의 근거로 삼는다. 그런 배경은 똑같은 병에 걸린 집단에는 존재하지 않기 때문에, 다른 곳에서 찾아야 할 것이다. 이런 통찰의 치료적 적용에 관한 한, 아무도 집단에 그런 치료를 강제할 권위를 갖고 있지 않은 사회신경증을 정확하게 분석해 봤자 무슨 소용이 있는가? 그러나 이런 어려움에도 불구하고 우리는 누군가가 언젠가는 문화 공동체의 병리학을 용감하게 시행하리라고 기대할 것이다.

다양한 사정으로 인해 나는 인간 문화의 가치를 평가할 생각이 전혀 없다. 우리가 이룬 문화가 우리가 소유하거나 획득할 수 있는 가장 귀중한 재산이고, 그 노정이 반드시 아무도 예상하지 못한 수준의 완전함에 이를 것이라는 도취적인 선입견과는 거리를 두고자 애써 왔다. 문화 추구의 목표들과 그에 필요한 수단들을 조사해 보면, 그 모든 노력은 그럴 만한 가치가 없을 뿐 아니라, 결국은 개인이 참을 수 없는 상태에 이를 뿐이라는 비판자의 말을 나는 화내지 않고 귀담아들을 수 있다. 내가 이런 것들에 대해 거의 아는 바가 없기에 편파적이지 않은 태도를 취하기가 아주 쉬웠다. 내가 확실히 아는 것은, 인간의 가치 판단은 무조건 쾌감원망으로부터 나오며, 결국 자신의 환영을 주장으로 지지하려는 노력이라는 것뿐이다. 누가 인류 문화의 강박적 특성을 강조하고, 예를 들어 성생활의 제한 또는 자연의 요구에 따른 이상적 인간의 실현에 대한 성향은 피하거나 바꿀 수 없는 문화 발달의 방향들이며, 그것이 자연의 필연성이라면 그저 복종하는 것이 상책이라고 말해도 나는 충분히 이해할 수 있을 것 같다. 그에 반해, 우리가 극복할 수 없는 것으로 여기는 그런 많은 노력이 자주 인류 역사의 진행과정에서 관심 밖으로 밀려나고 다른 것으로 대체되는 경우가 많았다고 이의를 제기하는 것도 나는 알고 있다. 그래서 나는 동시대 사람들 앞에서 예언자로 나설 용기가 없고, 내가 그들에게 어떤 위로도 주지 못한다는 비난에 순순히 고개를 숙인다. 알고 보면 그들은 모두, 가장 용감한 경건주의자들 못지않게 가장 야만적인 혁명가들 모두 정열적으로 위로를 요구하기 때문이다.

내가 볼 때, 인간 종족의 숙명적 질문은 문화 발달이 인간의 공격 욕동과 자기 파괴 욕동으로 인한 공동생활의 방해를 지배할 수 있을 것이냐, 지배한다면 어느 정도로 할 것이냐인 것 같다. 아마도 이 시대는 이런 문제에 특별한 관심을 기울일 만하다. 인간들은 이제 자연의 힘을 지배하고 그 지배력을 이용하여 최후의 한 사람까지 서로 쉽게 죽일 정도가 되었다. 그들은 이것을 알고 있고, 그 때문에 그들이 지금 느끼고 있는 엄청난 초조와 불쾌와 불안이 온다. 이제 우리는 두 개의 "천상의 힘들" 가운데 다른 하나인 영원한 에로스가 그와 똑같은 불멸의 적수와의 투쟁에서 이기는 노력을 해 주길 기대할 수밖에 없다. 하지만 누가 이기고 어떤 결론이 날지 누가 예상하겠는가?

옮긴이의 말

　이 글에서 프로이트는 인간이 만든 문화가 욕동을 제어한다고 보고 있다. 그러니까 고도의 문화를 발달시킨 인간이 쾌감을 포기하면서 어떤 문제가 발생하는지를 다루고 있다. 이 글은 1930년 나치가 한참 그 위세를 부리면서 공격성을 보이기 시작했을 때 쓴 글로서, 피셔판 전집 제14권(421-506쪽)에 수록되어 있다. 이 글은 한국어로 1997년 열린책들에서 펴낸 프로이트 전집 15권, 「문명 속의 불만」이라는 제목으로 번역되었다. 프로이트는 초기의 이드 심리학에서 후기에 자아 심리학으로 넘어오면서 차츰 문화에 대한 연구에 관심을 갖는데, 문화 연구를 위한 이 글의 기조는 신경증 환자를 연구한 방법을 적용하는 것이다. 그러나 그의 이 글은 논문이라고 보기에는 매우 추상적이며 담론이 없다. 그의 다른 연구와는 달리 여러 가지 생각들을 한꺼번에 늘어놓아 하나의 논점을 이야기한다고 보기에는 매우 잡다하며, 서술 태도 또한 자기 이야기를 한다기보다는 흡사 3인칭 관찰자 시점의 작가의 태도를 취하고 있는 것 같다. 그러므로 이 글은 새로운 이론을 제시하는 이론서이거나 담론이라기보다는 환자의 욕구나 소원, 인생 계획을 들어주는 상담자의 글 같고, 사회적 문제 또한 그냥 둘 수 없다는 문화비평가의 글과 같다. 프로이트는 궁극적으로 개인의 (초)자아 문제가 문화 속에서도 마찬가지로 심혼생활에 영향을 미친다는 것을 강조하고 있고, 특히 이 글에서는 삶의 의미와 연관된 세계 해석의 문화적 형식들을 연구하는 데 초점을 맞추고 있다.

  1장에서 프로이트는 아버지 동경이 종교의 근원임을 강조하고 있다. 프로이트는 앞서 1927년에 쓴 글 「환영의 미래」에 대한 언급으로 시작한다. 그리고 글의 맨 처음에, 사회와 대중의 잘못된 잣대에 대해 언급하고 있다고 하면서, 잘못된 가치 기준 때문에 잊힌 사람 중 하나가 자기가 잘 알고 있는 로맹 롤랑이라고 말문을 연다. 그런데 문제는 이 위대한 친구가 종교적 원천은 "바다 같은" 감정이라고 말했는데, 프로이트는 과연 그런지 의문을 제기한다. 프로이트가 보기에 종교는 존재를 인정받기 위해 감정을 이용하며, 그 결과 감정은 자아와 외부 세계 전체 사이의 경계가 허물어진, 일차적 자기애(나르시시즘)이다. 그리고 이 자기애는 종교성과 어떤 관계를 맺을 수 있다. 그러므로 프로이트에게 종교에 대한 자기애의 의미는 부수적인 것이다. 우리의 무의식에 있는 감정은 잘 드러나지 않으며, 우리에게 고유한 자아라는 것도 명백히 독립적인 것으로 보이지만 실제로는 자아와 이드가 분명히 구별되지 않는 허상일 뿐이다. 프로이트가 보기에 "자아는 우리가 이드(Es)라고 부르는 무의식적 심혼(정신)과 뚜렷한 경계 없이 내면으로 깊이 연장되어 있다는 것, 자아는 흡사 이드에 대해 외관일 뿐이라는 것"(본문 12쪽)이다.

그러면 이 자아는 어떻게 만들어지는가? 유아는 아직 자신에게 밀려오는 감각과 자신의 자아를 구별하지 못한다. 그러다가 피할 수 없는, 다양한 고통에 대한 감각과 경험을 통해 자신의 쾌감자아를 만들려는 경향을 보인다. 그러나 이 또한 경험을 통해 수정될 수밖에 없다. 유아가 차츰 성장하여 사춘기가 되면 현실원칙의 도입을 통해 불쾌를 피하기 시작한다. 프로이트는 위대한 친구 로맹 롤랑이 말한 "바다 같은" 감정은 다름 아닌 자아가 외부 세계와 맺고 있던 내적 결속이 남긴 잔여물이라고 본다. 프로이트는 인간의 심혼에서는 원시적인 것이 없어지지 않고 발달된 것과 나란히 공존한다는 가설을 세운다. 다만 이것은 퇴행과 같은 경우에만 눈에 드러나 보인다. 이런 방식으로 프로이트는 다시 한번 "바다 같은" 감정의 실체를 정의한다. 그것은 "유아기의 무력함과 그 무력감이 불러일으키는 아버지에 대한 동경 때문일 것이다. 그 무력감이 유아기에서 나중까지 단순히 지속될 뿐만 아니라 강력한 운명의 힘에 대한 두려움이 있을 때마다 꾸준히 보존되기 때문에 더욱 그러하다."(본문 21쪽) 결론적으로, 프로이트는 그런 감정을 얻기 위해 종교나 요가나 심신수련에 너무 매달리지 말고, 주어진 삶을 즐기는 것이 낫다고 충고한다.

2장에서 프로이트는 포기도 충족도 못 하는 쾌감원칙에 대해 논의한다. 프로이트는 곧장 논문의 주제를 문화와 불만, 즉 불쾌, 고통, 불행의 관계로 옮겨 간다. 여기서 그는 먼저 불쾌의 다양한 근원들을 파헤치기 시작한다. 인간의 삶의 목적은 실제적으로 쾌감을 추구하는 것이다. 아니 삶의 목적은 원래 그렇게 설계되어 있다. 하지만 이 자연의 기획은 실행할 수가 없다. 이것은 "인간이 '만족한' 존재라는 뜻은 '창조'의 계획에 포함되어 있지 않다고 말하고 싶을 정도다."(본문 29쪽) 우리는 실제 지속적으로 쾌감을 얻는 것이 아니라 대비를 통한 쾌감을 얻을 뿐이다. "우리가 쾌감을 얻도록 풀무질하는 쾌감원칙의 기획은 성취될 수 없다. 그러나 우리는 그 성취에 어떤 식으로든 가까이 가는 노력을 포기해서는 안 된다 ─ 아니, 포기할 수가 없다."(본문 39쪽) 고통을 받는 삶에서 쾌감을 얻으려는 노력은 불쾌를 피하려는 노력으로 대체되고, 쾌감원칙도 절제된 현실원칙으로 대체된다.

프로이트에 의하면 불쾌의 경로는 세 가지가 있다. 첫째는 우리 유기체 자체이고, 둘째는 우리를 둘러싼 환경이며, 마지막은 다른 사람과의 관계이다. 그에 따라 고통에서 해방되는 세 가지 길도 있다. 첫째는 유기체에 영향을 미치는 방법, 둘째는 환경을 바꾸는 것, 그리고 마지막으로 사회적 관계를 사랑으로 바꾸는 것이다. "사랑의 표현 형식들 중 하나인 성애는 쾌감을 가장 강렬하게 경험할 수 있게 해 주고, 이런 방식으로 쾌감추구의 모범을 보여 준다."(본문 38쪽) 그러나 이 모든 가능성들은 쾌감을 추구함에서도 불쾌를 회피함에서도 모두 제한적이며, 우리가 원하는 것을 모두 성취할 수 없다는 것은 사실이다. 쾌감을 얻기 위해 우리는 마약 같은 환각제를 사용하여 유기체가 쾌감을 얻도록 하거나, 요가나 정신수련을 통해 욕동을 죽이거나, 지배할 수도 있고 예술을 통해 환영을 만들어 승화하거나 대리만족을 할 수도 있다. 그러나 이마저도 현실적인 고통을 모두 잊게 해 줄 수는 없다. 외부현실에 대해 절망적 분노를 표출하는 사람은 결국 변태적인 사람이 되거나 정신이상자가 되어 버린다. "그러나 우리 모두가 어떤 점에 있어서는 편집증자가 행동하듯이 하나의 소원을 만들어 자신에게 고통이 되지 않는 세상의 일면을 만들어 이 망상을 실현하고 있다는 주장도 있다."(본문 36쪽) 사랑의 쾌감을 위한 삶의 기술 또한 다른 사람에게 종속되게 하고 그 이유로 고통의 근원이 되기도 한다. 종교는 어떤가! 사람들이 쾌감을 얻고 고통을 피하도록 하기 위해 오로지 한 길만 제시하여 강요하기에 선택과 적응의 여지를 차단해 버린다. 이것은 일종의 집단광기이다. 종교는 "바다 같은" 보호를 통하여 인간을 신경증에서 구제하기는 했으나 프로이트에 따르면 인간을 유아 상태로 묶어 두었다는 비판을 벗어날 수는 없다.

  3장에서 프로이트는 문화와 개인의 자유의 대립에 관한 논의를 한다. 프로이트는 불행의 중요한 원천이 문화임을 강조한다. 이 문화로 인해 인간은 동물과 구별되는데, 이 문화에는 두 가지 목표가 있다. 그 하나는 자연의 지배이고 다른 하나는 인간관계의 규범 설정이다. 문화는 욕동 만족의 제한을 바탕으로 하여 만들어졌다. 그 이유는 가정의 남자를 가족이라는 틀에서 사회라는 틀로 불러내기 위해서 쾌감을 어느 정도 희생시켜야 하기 때문이다. 그래서 문화는 개인의 자유를 대적하게 되고 이것이 문화 적개심을 유발한다. 어떤 사람들은 문화가 불쾌의 원천이며, 우리가 문화를 포기하면 우리는 더 큰 만족감이 있을 것이라고 주장한다. 사실 이런 문화 적대감의 원인은 인간이 문화 과정에서 생긴 욕동의 거부를 견딜 수 없고, 그 결과 신경증을 얻는다는 발견에서 나온 것이다. 이 신경증은 문화인이 가지고 있던 최소한의 쾌감조차도 사장시키고 만다. 문화 적대감의 다른 이유를 사람들은 과학과 기술의 발전이 우리를 더 불행하게 만들었다는 데서 찾고 있다.

그러면 문화란 무엇인가? 그것은 우리가 동물과 구분되는 모든 설비들에서 찾을 수 있다. 그 설비란 자연에서 우리를 보호하여 주고 인간 상호 간의 관계에 규율을 정하는 것이다. 문화의 특성들은 과학과 기술 같은 것으로 인간은 일종의 인조신Prothesengott이 되어 버렸다. 아름다움, 청결, 질서, 그리고 지적 능력은 고도의 심리적 활동에서 나와 과학과 예술, 종교와 철학을 창조하여 이상을 만들고 사회적 관계를 규정하고 특히나 법을 만들어 개개인의 힘을 공동체의 힘으로 대체하였다. 프로이트는 이렇게 말한다. "우리가 어떤 영향력을 행사한다 해도 인간의 본성을 흰개미의 본성으로 바꿀 수 있을 것 같지는 않다. 인간의 본성은 집단의 의지에 맞서 개인의 자유를 누릴 권리를 옹호할 것이다."(본문 60쪽) 인간의 투쟁은 대부분 이 문제를 지향한다. 그것은 "개인적인 요구들과 문화 집단의 요구들 사이의 합리적, 다시 말해 행복한 조정안을 찾아내는 과제에 모여 있다."(본문 60쪽) 그러므로 이런 조정안이 문화의 특정한 모습으로 가능할지 아니면 오히려 갈등만 유발할지가 중요한 문제 중 하나이다. 문화의 발달로 인간의 욕동 기질이 바뀌었다. 그런데 문화의 발달은 개인의 리비도 발달과 유사하게 진행된다. 가장 중요한 욕동의 운명은 특정한 성격의 교육인데, 예를 들면 항문기 성격의 모습 같은 데에서 욕동 목표의 승화나 욕동의 불만족을 찾아볼 수 있다. 이것을 프로이트는 "문화불만족"(본문 62쪽)이라 칭하는데 이것이 사회적 관계는 지배하나 문화 적대감을 유발할 수 있다.

4장에서는 사랑이 문화의 토대이자 적대자임을 논한다. 문화의 토대는 노동의 분업 이외에도 사랑과 그로 인한 욕동 만족까지 포함하고 있다. 사랑은 역사적으로 가족의 형성에 기여하는데, 성적인 형식에서뿐 아니라(남자와 여자의 관계) "목표 억제적인" 매력적인 형상(엄마와 아이의 관계)에도 관여한다. 그러나 이런 사랑과 문화의 관계에는 동시에 적대적인 관계가 형성된다. 바로 가족이 문화의 목표, 즉 좀 더 큰 사회적 단위를 형성에 대립되기 때문이다. 그리고 문화는 성적 삶에도 큰 제한을 두게 되어 문화인의 성생활이 심각하게 훼손되기도 한다. 문화 발달의 초기에 직립보행이 있었다. 직립보행은 "유기체적 억압"(본문 75쪽 각주 24)에서 후각 성애를 억압하고 안면감각의 비중을 확대하고 성기를 노출하기에 이르렀다. 이런 사건은 지속적인 성적 흥분을 가능하게 했고 남자에게 성적 대상을 집에 상주하게 만들었다. 이런 과정에서 폭군적 명령을 하여 모든 여자를 잡아 둔 원시 아버지, 즉 족장이 만들어졌다.

이런 논의는 프로이트가 이미 『토템과 터부』를 쓴 1912-13년으로 거슬러 올라간다. 아버지에서 쫓겨난 아들들은 서로 연대하고 아버지를 살해한다. 이 행위에 대한 후회로, 즉 사후의 복종 행위로 첫 터부, 즉 최초의 법을 만들었다. 문화는 다수의 인간을 공동체에 머무를 수 있게 하려 한다. 이 공동체 생활의 확대는 두 가지 바탕 위에서 이루어진다. 한편으로 공동체 생활은 노동의 강요, 즉 외부적 궁핍 "아난케"(그리스어: 필연성이란 뜻)에 근거를 하고 있고, 공동체의 생활은 다른 한편으로 "사랑의 힘"(프로이트는 이것을 "에로스"라고 하였다)에 근거한다. 이들은 문화의 기초를 두 가지 형식들에서 세우고 있다. 하나는 남자와 여자라는 성적 관계에 기초한 형식, 다른 하나는 엄마와 아이 사이에서 이루어지는 매력적 표현이 갖는 "목표 억제적인" 사랑의 형식이다. 하지만 사랑과 문화 사이에 공통적 토대는 없다. 그저 갈등만 존재할 뿐이다. 이유는 문화가 항상 큰 단위를 지향하는 반면, 사랑, 즉 가족은 그 구성원을 내어 줄 뜻이 없기 때문이다. 이렇게 되자 여자는 가족과 성적인 삶을, 남자는 문화 작업을 하는 데 전념하게 된다. 그래서 문화는 이제 성적 삶을 제한하는 경향을 띠게 된다. 근친상간과 동성애, 도착증의 금지를 거쳐 일부일처제에까지 이른다. "이 점에서 문화가 성욕을 대하는 태도는 어떤 종족이 다른 종족을, 또는 어떤 계층이 다른 계층을 착취하는 태도와 마찬가지다. 피지배자들이 반란을 일으킬지도 모른다는 두려움 때문에 문화는 엄격한 예방책을 작동시킨다."(본문 72쪽) 이런 모든 금지들로 인하여 문화는 성적 쾌감과는 거리가 멀어지고, "상당한 부당함의 원천이 된다."(본문 73쪽) 그 결과 마치 우리 꼬리뼈가 퇴화한 것같이, "기능의 퇴화 과정을 밟고 있다는 인상을 준다."(본문 74쪽) 그러나 문화만이 우리의 욕구 충족을 거부만 하는 것이 아니라 성적 기능의 기초가 완전한 만족감을 거부하기도 한다. 후각의 쇠퇴로 인하여 항문성애를 포함한 전체 성관계가 억압된 나머지, "그 성기능이 더 이상 설명할 수 없는 거부감을 동반하고, 이 때문에 성기능은 완전한 충족을 방해받고, 성적 목적은 억압되어 승화나 리비도 전이가 되어 버린다."(본문 74-75쪽 각주 24)

5장에서 프로이트는 목표 억제적인 리비도를 통한 공격에 대해 언급한다. 성 욕동과 문화의 적대적 구도는 문화가 더 큰 사회적 단위들을 만들고자 애쓰면서, 이 과정에서 분업을 통한 상호 간의 종속성에 만족하지 못한다는 것 때문에 발생한다. 그보다 문화는 공동체의 구성원들 사이에서 정체성을 만들어 이들에게 리비도적 결합체를 생성하려고 노력한다. 말하자면 문화도 공동체를 형성하기 위해서 리비도, 즉 성적 에너지를 사용한다. 하지만 그것은 목표 억제적인 리비도이다. 이런 것을 수행하기 위해서는 성적 리비도가 희생되어야 하고, 이것이 어떤 사람들에겐 신경증을 가져온다. 그렇다면 왜 문화는 공동체 형성을 외적인 필연성에 정초하는 것으로 만족하지 못할까? 왜 문화는 공동체의 구성원들을 추가적으로 목표 억제적인 리비도와 서로 묶으려고 하는가? 그 이유는 프로이트에 따르면, 공격 욕동 때문이다. '네 이웃을 네 몸과 같이 사랑하라'는 말이 그것을 말해 준다. 이 계명은 인간의 공격 성향에 대한 반동 형성이라 할 수 있다. "그 모든 것 뒤에 있는, 기꺼이 부정하고 싶은 현실은, 인간이 공격을 받으면 기껏해야 방어밖에 할 줄 모르는 유순하고 사랑받을 만한 존재가 아니라 오히려 충동의 천성으로 볼 때 강력한 공격성을 갖고 있다는 것을 알아야 한다. 그러므로 이웃은 그에게 잠재적인 조력자나 성적 대상일 뿐 아니라, 그에게 공격 본능을 해소하고, 아무 보상도 없이 그의 노동을 착취하고, 동의 없이 그를 성적 노리개로 사용하고, 이웃인 그의 재물을 강탈하고, 그를 무시하고, 그에게 고통을 주고, 그를 괴롭히고 죽이는 시련이다."(본문 84쪽)

이런 원초적인 적개심으로 인하여 문화 사회는 끊임없이 붕괴의 위협을 받는다. 바로 그 이유 때문에 공동체를 단지 분업으로만, 그리고 그로 인한 상호적 종속으로 유지하는 것은 불충분하다. 문화는 공격성에 대항하여 이성적 관심보다 더 강한 힘을 보여 주어야 한다. 이 힘이 바로 충동적인 정열이다. "그 때문에 말하자면 인간들을 정체성 형성과 목표 억제적인 애정 관계로 유도할 방법들을 동원하고, 그 결과 성생활을 제한하고, '네 이웃을 네 몸과 같이 사랑하라'는 이상적 계명을 제시한 것이다. 이 계명이야말로 사실 아무것도 이보다 더 인간 본성과는 뚜렷이 배치되는 것이 없다는 사실밖에 어떤 의미도 없다."(본문 86쪽) 물론 이러한 문화의 기획들은 지금까지 큰 성과를 거두지 못했다. 공산주의자들은 인간이 천부적으로 선하고, 사유재산이 없어지면 적개심도 사라질 것이라고 믿는다. 그러나 그것은 환영일 뿐이다. 사유재산은 그저 공격성이 사용하는 여러 가지 도구들 중 하나일 뿐이다. 비교적 작은 문화 집단은 외부인들을 향해 적개심을 분출할 수 있다는 장점이 있다. "더 많은 사람을 사랑으로 묶는 것은 항상 가능하다. 다만 다른 이들은 여전히 공격성을 드러낸다는 것 또한 사실이다. … 전 세계에 흩어져 있는 유대 민족들은 이런 방식으로 그들이 사는 나라의 문화에 괄목할 만한 기여를 했다고 말할 수 있다."(본문 88-89쪽) 사도 바울이 보편적 인간 사랑을 기독교 공동체의 기초로 삼은 후에 기독교도들이 기독교 공동체 밖에 있는 사람들을 극단적인 비관용으로 대하는 결과를 얻게 되었다. "게르만족의 세계 지배라는 꿈을 실현하기 위해 그것을 상쇄하는 반유대주의를 필요로 했던 것도 이해 못 할 우연은 아니었다. 러시아에 새로운 공산주의 문화를 설립하려는 시도가 부르주아 박해에 대한 심리적 지지를 찾으려 했다는 것도 이해할 수 있는 일이다. 다만 구소련 사람들이 부르주아를 말살한 뒤에 어떻게 할지 그것이 염려될 뿐이다."(본문 89쪽) 문화 속의 불쾌는 문화가 성뿐만이 아니라 인간의 공격성에 큰 희생을 강요하는 데서도 만들어진다. 문화인은 쾌감 일부를 희생하고 대신 안전을 택했다.

6장에서 프로이트는 문화가 에로스와 죽음 욕동(타나토스) 사이의 투쟁이라는 점을 논의한다. 프로이트는 문화 속의 불쾌를 설명하면서 그것이 에로스와 죽음 욕동이라는 두 가지 기본 욕동으로 인해 일어난다고 가정한다. 이 욕동이론은 그가 1920년에 쓴 「쾌감원칙의 저편」에서 이미 논의한 것이다. 에로스는 이중의 형식으로 나타나는데, 하나는 자기애 그리고 다른 하나는 대상애이다. 그리고 죽음 욕동은 두 가지 형상으로 표출된다. 일차적으로는 자기 파괴의 성향이고, 이것이 밖으로 분출되면 공격과 파괴라는 성향을 만들어 낸다. 프로이트에 따르면 두 욕동들은 모든 생명체에서 영향력을 발휘한다. 그것은 물론 아메바에서부터 시작한 것이다. 그 대립이 다양한 현상들을 생명체에서 만들어 낸다. 두 욕동들의 공통점은 모두 "보수적"이라는 점이다. 이 둘은 모두 과거의 상태를 재현하려는 욕동들이기에 여기서 인간들에게 나타나는 반복충동의 현상을 설명할 수 있다. "삶의 욕동"이라고 말할 수 있는 에로스는 생명을 보존하고 더 큰 단위로 연결하려는 노력을 한다. 그 욕동의 에너지를 우리는 리비도라고 한다.

죽음 욕동은 더 큰 단위들을 해체하여 죽은 무기물 상태로 되돌리려는 충동을 말한다. 에로스는 다시 자기애와 대상애로 나눌 수 있다. 죽음 욕동 또한 두 가지 모습을 보이는데, 하나는 내부로 향한 자기 파괴의 경향이고, 다른 하나는 외부로 향한 공격과 파괴의 경향이다. 이것을 파괴 욕동이라고 부르기도 한다. 이 두 가지 기본 욕동 중에서 내부로 향한 욕동이 일차적이다. 대상 욕동은 자아 욕동이 외부를 향한 것일 뿐이다. 그러므로 파괴 욕동은 자기 파괴의 욕동이 대상을 향한 것일 뿐이다. 에로스와 죽음 욕동은 서로 분리되어 나오는 법이 없다. 그 둘은 동전의 양면처럼 붙어 있다. 피학증과 가학증은 에로스와 섞인 죽음 충동이다. 피학증의 경우 그것은 에로스에 있는 자기 파괴이며, 가학증일 경우 그것을 외부로 표출되는 공격 욕동이다. 문화는 "인류를 거쳐 지나간 독특한 과정"(본문 102쪽)이며 개인과 가족들을 결합시키고 나아가 종족들과 민족들과 국가들을 결합시켜 인간들을 더 큰 단위로 묶어 내려는 에로스의 과정이다. 그러나 이런 문화적 기획에 자연적 공격 욕동은 저항한다. 이 공격 욕동은 다름 아닌 죽음 욕동이 외부로 표출된 것으로 에로스와 같이 존재한다. 그러므로 문화의 의미는 인류가 싸우는 생존 투쟁, 즉 에로스와 타나토스의 투쟁이라 볼 수 있다.

7장에서 프로이트는 공격성이 어떻게 죄의식으로 변화하는지 그 과정을 논의한다. 프로이트는 초자아와 문화의 관계를 논의한다. 문화는 공격성을 쉽게 제어할 수 없다. 문화에 중요한 심리적 기제인 죄의식(또는 죄책감 또는 양심)을 생산하기 위해 문화는 억압된 공격의 일부를 사용한다. 외부 권위자에 대한 공격적 관계가 그 권위자와의 동일시를 통해 내면화되면서 죄의식이 발생한다. 이 동일시는 자아에서 초자아를 분리해 내고, 그러면 양심은 자아에 대한 초자아의 공격에 기반을 두게 된다. 죄의식은 대부분 무의식적이다. 그리고 처벌 욕구로 드러난다. 죄책감은 아들들이 원시 아버지를 살해한 것에 기원을 두고 있는데, 그 결과 아버지에 대한 관계에 있어 사랑과 죽음 욕동이라는 양가적 감정으로 나타난다. 공격성은 문화에 의해 단순히 억압되지만은 않는다. 문화는 그 억압된 공격성을 죄의식으로 바꾸면서 문화를 건조하는 데 이용한다. 문화 속의 불쾌는 사실 에로스와 공격 욕동이라는 두 기본 욕동들의 억압으로 불거진 불만족 상태에 기초할 뿐만 아니라, 문화와 결부된 죄의식에 기초하기도 한다. 많은 사람을 더 큰 집단에 응집하려는 문화의 발달은 개인이 도저히 감당할 수 없을 때까지 필연적으로 죄의식의 증가를 동반하고 나타날 수밖에 없다.

아이를 살펴보면 이런 죄의식은 두 단계로 발달한다. 1단계에서는 외부적 권위자와 관계 맺는 단계이다. 아이는 이 권위자를 통하여 초기의 중요한 욕구를 충족하는 데 방해를 받는다. 그러므로 아이는 이에 대해 강한 공격 성향을 보인다. 그러나 곧 사랑을 잃을까 하는 두려움에서 이 공격 수행을 포기한다. 죄책감은 여기서 이런 권위자에 대한 "'사회적' 두려움"(본문 110쪽)에 기초한 것이다. 아이는 이런 어려운 상황을 공격할 수 없는 권위자를 자아와 동일시하고 받아들이면서 극복해 나간다. 이 외부적 권위자는 초자아가 되고, 이것이 자아에 맞서 자아에 대한 공격을 한다. 죄책감은 양심의 가책 형식으로 얻어진다. 그러니까 양심이란 초자아에 대한 자아의 두려움이다. 말하자면 죄책감은 두려움의 변종이다. 이 두려움(불안)은 모든 증상의 배후에 있다. 그것은 무의식적이기도 하기 때문에 죄의식조차 대부분 무의식적이고 처벌 욕구가 있을 때에만 의식에 근접한다고 생각해 볼 수 있다. 초자아의 엄격함은 두 개의 근원이 있다. 하나는 아이가 외부 권위자에게서 경험한 가혹함에서 나온 것이고, 동시에 그것은 아이 스스로가 아직 내면화시키지 못한 부모의 권위에 대항한 바로 그 공격성 자체이다. 그 때문에 자유분방하게 큰 아이가 끔찍한 초자아를 발달시킬 수도 있다. 처음에는 양심이 욕동 포기의 원천이 된다. 그러나 나중에는 욕동 포기가 양심의 원천이 된다.

욕동 포기가 크면 클수록 —자아가 아주 도덕적이면 도덕적일수록— 양심의 가책은 더 크다. 이것이 실제로 일어날 수 있는 것은 초자아의 공격성이 실제로 행동한 것만을 향할 뿐 아니라 이미 행동하고자 한 충동, 즉 제거할 수 없는 리비도적 공격 소원을 향하기 때문이다. 불운이나 불행을 만나면 초자아의 강도가 더욱 강해진다. 그 이유는 운명이 부모 자리를 대신하는 것으로 받아들여지고, 이 것이 종교적인 관점에서 보자면 신(하나님)의 뜻으로 해석될 수 있 기 때문이다. 권위자의 내면화는 결국 욕동 포기가 완전한 해방 효 과를 거두지 못한다는 것을 보여 준다. "외부에서 닥쳐올지도 모르 는 불행을 ―외부 권위자의 사랑을 상실하고 그에게서 처벌받는 것 을― 끊임없는 내적 불행, 즉 죄의식의 긴장감과 맞바꾼 것이다."(본 문 114쪽) 죄책감이 문화 발달의 가장 중요한 문제점이다. 죄책감의 역사적 기원은 원시 아버지의 살해로서 프로이트가 쓴 「토템과 터 부」의 핵심적인 내용이다. 이 사건에서는 공격이 억압된 것이 아니 라 실행되었다. 원시 아들들이 그들이 저지른 행위에 대해 후회를 하고 나중에 죄책감을 발달시킨 것이 어떻게 가능했을까? 그것을 프로이트는 아버지에 대한 양가감정 때문이라고 보고 있다. 살해를 함으로써 증오가 사랑으로 바뀐다. 그러니까 양가감정의 한쪽이 다 른 쪽이 된 것이다. 후회에서는 사랑이 전면에 부상한 것이다. 드디 어 이 죄의식은 아버지를 향한 감정의 양가성을 자극하고 에로스와 죽음 욕동 사이의 갈등을 자극한다. 억압된 죽음 욕동이 죄책감을 생산하는 동안 억압된 에로스는 증상이 된다. 가령 강박증자의 강 박관념이나 편집증자의 망상이 그런 경우이다.

마지막 8장에서 프로이트는 문화-초자아의 비심리학적인 윤리에 대해 논한다. 앞의 논거를 바탕으로 이 마지막 장에서 자신의 결론을 맺는다. 문화 발달에 대한 응보는 늘어난 죄책감만큼 증가한 쾌감의 희생을 가져왔다. 그래서 프로이트는 이 글을 윤리와 신경증과의 관계에 대한 논의로 끝맺는다. 개인과 유사하게 공동체도 초자아가 있다. 문화는 이 초자아를 바탕으로 발달한다. 문화-초자아는 인간 상호 간의 관계를 요구한다. 이 초자아는 예수 같은 위대한 지도자적 인물이 그의 생전에 가혹한 채찍을 맞은 것 같은 인상을 남긴다. 문화 초자아도 엄격한 이상의 요구를 하는데 그것을 따르지 않으면 죄책감으로 처벌을 받는다. 인간 상호 간의 관계에 대한 요구를 윤리라고 할 수 있다. 그런데 이 윤리는 문화의 최대 장애인 인간의 기질적 공격성을 제거하는 것을 목표로 삼고 있다. 문화-초자아의 윤리적 요구들은 심리적인 것이 아니다. "이 문화-초자아는 인간의 심리적 기질의 실제에 대해서는 별로 신경을 쓰지 않는다. 문화-초자아는 계명만 제시할 뿐, 사람들이 그 계명을 지킬 수 있을지 묻지 않는다. 나아가 문화-초자아는 인간의 자아에는 부과되는 모든 것을 심리적으로 이룰 수 있고, 자아가 자신의 이드에 대해 무제한적 통제력을 갖고 있다고 생각한다. 이것은 오류다. 소위 말하는 정상인들조차도 특정한 한계를 넘어서는 통제할 수 없다. 더 많은 것을 요구하면, 그는 반항을 하든지 신경증에 걸리든지 불행해질 것이다."(본문 137쪽)

이렇게 보면 "네 이웃을 네 몸과 같이 사랑하라"는 계명은 수행할 수 없는 일이다. 소유 관계의 실제적 변화도 그런 계명만큼이나 도움이 되지 않는다. 문화는 개인의 발달과 유사함을 갖고 있다. 그래서 많은 문화는 "신경증"을 앓고 있다. 문화의 규제가 인간이 할 수 있는 범위를 벗어날 정도로 크다. 그런 이유 때문에 어떤 문화는 "신경증적"이라 할 만큼 변해 버렸다. 이것을 우리가 치료할 수 있을 것인가? 프로이트는 이 질문에 분명한 대답을 하지 않고 있다. 다만 이렇게 말한다. "이런 신경증을 하나하나 분석해 보면 큰 실용적 관심을 거둘 수 있는 치료적 처방들을 도출해 낼 수 있을지도 모른다. 정신분석을 문화 공동체에 전이하려는 이런 시도가 의미 없거나 아무런 결실을 거둘 수 없다고 낙인찍지는 않겠다. 그러나 우리는 신중해야 하고, 우리가 다루는 것은 결국 유사성에 불과하다는 … 사실을 잊어서는 안 된다. 또한 공동체의 신경증을 진단할 때는 특별한 어려움에 부딪힌다. 개인의 신경증을 다룰 때는 환자가 그의 '정상적인' 환경으로부터 구별되는 대조를 진단의 근거로 삼는다. 그런 배경은 똑같은 병에 걸린 집단에는 존재하지 않기 때문에, 다른 곳에서 찾아야 할 것이다. 이런 통찰에 대한 치료적 적용에 관한 한, 아무도 그런 치료를 집단에 강제할 권위를 갖고 있지 않는 사회신경증을 아무리 정확하게 분석해 봤자 무슨 소용이 있는가? 그러나 이런 어려움에도 불구하고 우리는 누군가가 언젠가는 문화 공동체의 병리학을 용감하게 시행하리라고 기대할 것이다."(본문 139쪽) 인간 종족의 숙명적 질문은 문화 발달이 인간의 공격 욕동과 자기 파괴 욕동으로 인한 공동체 생활을 어떻게 지배할 것이냐 하는 것이다. "인간들은 이제 자연력을 지배하고 그 지배력을 이용하여 최후의 한 사람까지 서로 쉽게 죽일 정도가 되었다. 그들은 이것을 알고 있고, 그 때문에 그들이 지금 느끼고 있는 엄청난 초조와 불쾌와 불안이 온다."(본문 141쪽)

프로이트의 이 글에는 쾌감(행복)이라는 개념이 수도 없이 등장한다. 그래서 나는 이 글을 읽는 독자들을 위해 먼저 이 개념부터 설명하고자 한다. 이 개념은 문화권마다 쓰는 사람들마다 다르기 때문에 굳이 규정적으로 정의할 수는 없다. 그리고 이 말의 기원부터 그런 혼돈의 기미는 마련되어 왔다. 독일어 Glück에는 우리말의 행복뿐만 아니라 행운이라는 의미도 들어 있다. 그러나 우리는 누구에게나 행운이 행복을 의미하지 않는다는 것을 안다. 한 번의 행복이 자신의 내면에서 우러나오는 행복이라는 개념과는 매우 다르기 때문이다. 그렇다면 쾌감이라는 말은 행복과 어떤 관계에 있는가? 존 스튜어트 밀이 말한 "행복한 돼지보다는 불행한 소크라테스가 되기를 원한다"라는 문장에서 행복은 쾌감을 의미하고, 또한 사실은 소크라테스가 행복했다는 것을 의미하므로 행복이라는 말은 쾌감을 포함하지만 그것과는 다르다.

나아가 행복이라는 말은 쾌감이라는 신체적인 의미를 넘어 즐거움이라는 다소 의식적인 감정의 의미를 담고 있기도 하다. 그러나 독서의 즐거움은 쾌감은 아닐 수도 있고 행복일 수는 있다. 대학에 합격을 하더라도, 로또에 당첨이 되더라도 즐거움은 될 수 있을지 언정 쾌감을 주지도, 행복을 가져오지도 못하는 경우가 있다. 자신의 기획이 전제되지 않은 즐거움이나 쾌감은 행복이 될 수 없다. 결국 행복은 의식이라는 인간의 주관적인 판단이 전제되어야 하고 돼지 같은 동물에게는 사용할 수 없으며 의식의 발달이 되지 않은 성인이나 아이에게는 사용할 수 없는 개념이다. 마찬가지로 독일어 Glück도 이 세 가지 의미를 함께 담고 있다. 프로이트는 그렇게 광범위하게 이 개념을 사용하고 있다. 종교적인 행복, 인간관계의 즐거움, 성적 쾌감 등과 같이 이 말의 다양한 사용이 이미 책의 제목에서도 드러난다. 처음에 프로이트가 불만족Unbehagen이라는 말을 사용하기 이전에 불쾌Unglück라는 말을 사용한 것을 보면 그도 이 개념을 사용하는 데 주저했다는 것을 알 수 있다. 나는 번역을 하면서 이 세 가지 스펙트럼을 문맥에 따라 다양하게 변용하여 사용하였음을 밝혀 둔다.

다음으로 설명해야 할 것은 문화라는 개념이다. 지금까지 프로이트의 이 글은 「문명 속의 불만」이란 제목으로 번역되어 왔기 때문이다. 프로이트는 「환영의 미래」에서 문화와 문명을 구분하는 것 자체가 옳지 않음을 힘주어 말하고 있다. 그래서 독일어권에서는 아예 개발하다는 뜻의 문화, 즉 Kultur를 인간이 이룬 문명Zivilisation과 구별해서 쓰고 있다. 전자는 정신적인 것에 더 방점을 찍고 후자는 물질적인 것에 방점을 찍어서 말이다. 프로이트는 문화를 이런 맥락에서 이해하고 있다. "땅을 경작하고, 자연의 위력으로부터 인간을 보호하는 등의 일을 함으로써 인간에게 쓸모 있는 모든 활동과 가치들을 문화적인 것으로 인정한다. … 태초로 거슬러 올라가 보자면, 도구의 사용과 불의 이용, 주거지의 건축이 인간 최초의 문화적 행위였다." 보다시피 프로이트는 문화라는 개념을 인간이 원시적, 동물적 삶에서 땅을 경작하고 자연을 지배한다는 의미에서 사용하므로 우리는 전체적으로 '문화', 또는 '문화적'으로 일관성 있게 사용한다.

그다음에 중요한 단어는 Seele, 또는 Psyche라는 단어이다. 이 말은 한국의 융 학자들에 의해 심혼이라 번역되었는데 이는 옳다. 정신과에서는 오래전부터 seelisch 또는 psychisch를 '정신적'이라고 번역하는데 그러면 독일어에서 인간의 최고 정신, 영혼의 의미로 쓰는 Geist와 혼동될 수 있다. 사실 이 말은 그리스에서부터 구분되어 왔다. 그리스인들은 보통 육체를 soma, 심혼은 psyche 그리고 정신은 logos라고 구분해서 사용해 왔다. 그러므로 프로이트가 사용하는 seelisch 또는 psychisch는 사실상 '심혼적'으로 번역해야 옳으나, 우리의 언어관습에서는 이상하게 느껴져 심리적, 또는 정신적, 나아가 때로는 '육체적'이라고 번역해야 할 판이니 이 얼마나 힘든 일인가! 파우스트가 그리스 말 로고스logos를 두고 '뜻Sinn'이라고 번역해야 할지, '힘Kraft'라고 번역해야 할지, '행위Tat'라고 해야 할지 고민하다가 결국 '말씀Wort'에 머물 수밖에 없었던 모습이 떠오른다.

끝으로 이미 번역된 책이 있음에도 새로운 번역을 요청한 세창출판사와, 굳이 원어에서 번역하여 학자적 소임을 다하자고 한 세창출판사의 편집위원 원당회 박사님께 감사를 드린다. 이 책을 읽으면서 다시 한번 프로이트의 세계를 가늠할 수 있어서 행복했다.

2019년 5월

변학수